Ditadura Militar, Esquerdas e Sociedade

Daniel Aarão Reis

Ditadura Militar, Esquerdas e Sociedade

3ª edição

ZAHAR

Capa
Carol Sá
Sérgio Campante

Vinheta da coleção
ilustração de Debret

Composição
TopTextos Edições Gráficas Ltda.

Impressão sob demanda
UmLivro

Papel
Offset, Suzano S.A.

CIP-Brasil. Catalogação na fonte
Sindicato Nacional dos Editores de Livros, RJ

Reis, Daniel Aarão
R299d Ditadura militar, esquerdas e sociedade / Daniel Aarão Reis. — 3ª ed. —
3.ed. Rio de Janeiro: Zahar, 2005.
il. (Descobrindo o Brasil)

Inclui bibliografia
ISBN 978-85-7110-558-4

1. Brasil — História — 1964-1985. 2. Brasil — Política e governo — 1964-1985. I. Título. II. Série.

CDD: 981.062
05-2883 CDU: 981"1964/1985"

[2020]

EDITORA SCHWARCZ S.A.
Praça Floriano, 19, sala 3001 — Cinelândia
20031-050 — Rio de Janeiro — RJ
Telefone: (21) 3993-7510
www.companhiadasletras.com.br
www.blogdacompanhia.com.br
facebook.com/editorazahar
instagram.com/editorazahar
twitter.com/editorazahar

Sumário

Créditos das ilustrações

A montagem na capa é composta das ilustrações 3, 5 e 8 (ver créditos abaixo), além de foto do Fundo Correio da Manhã, PH/FOT/2007(32). Arquivo Nacional

1. Comício das Reformas. Empresa Brasileira de Notícias

2. Marcha da Família com Deus pela Liberdade. Foto de Wilson Santos. Agência JB

3. Militares no Clube de Oficiais da Marinha. Arquivo Antonio Carlos Muricy. Fundação Getulio Vargas/CPDOC

4. Gregório Bezerra preso em Recife. Acervo do Jornal Estado de Minas

5. Enterro do estudante Edson Luis de Lima Souto. Fundo Correio da Manhã, PH/FOT/43891(17). Arquivo Nacional

6. Passeata dos Cem Mil. Fundo Correio da Manhã, PH/FOT/2007(111). Arquivo Nacional

7. Construção da barragem de Itaipu. Foto de Claus Meyer. Câmara Três

8. Inauguração de uma nova refinaria da Petrobras. Fundo Correio da Manhã, PH/FOT/23314(8). Arquivo Nacional

9. Polícia barra manifestantes em Salvador. Foto de Luciano Andrade. Arquivo Ulisses Guimarães. Fundação Getulio Vargas/CPDOC

10. Apresentação do grupo de teatro do Comitê Brasileiro pela Anistia. Setor do Departamento Geral de Investigações Especiais (DGIE). Arquivo Público do Estado do Rio de Janeiro

11. Fim da greve em São Bernardo em 1979. Foto de Reinaldo Martins. Diário do Grande ABC

Ditadura militar no Brasil: uma incômoda memória

Quase ninguém quer se identificar com a ditadura militar no Brasil nos dias de hoje. Contam-se nos dedos aqueles que se dispõem a defender as opções que levaram à sua instauração e consolidação. Até mesmo personalidades que se projetaram à sua sombra, e que devem a ela a Sorte, o poder e a riqueza que possuem, não estão dispostas, salvo exceções, a acorrer em sua defesa.

Para a grande maioria da sociedade, a ditadura e os ditadores foram demonizados. Em 1998, por ocasião das comemorações dos 30 anos do estranho ano de 1968, a sociedade brasileira, através da mídia e da academia, consagrou uma orientação de hostilidade à ditadura: celebrou os vencidos de então e condenou sem piedade os poderosos que mandavam e desmandavam no país. Sobre o período, de modo geral, a memória da sociedade tendeu a adquirir uma arquitetura simplificada: de um lado, a ditadura, um tempo de trevas, o predomínio da truculência, o reino da exceção, os chamados *anos de chumbo*. De outro, a *nova* república, livre, regida pela Lei, o reino da cidadania, a sociedade reencontrando-se com sua vocação democrática.

Nessa reconstrução, as esquerdas freqüentemente aparecem como vítimas. Quando lutam, o fazem integradas em um processo de *resistência*. Esta é uma palavra-chave na memória das esquerdas submetidas pela ditadura. Nessa reconstrução os valores democráticos, embora derrotados em 1964, sempre contaram com um apoio amplo e maciço na sociedade, embora sob vigilância, acuados pela repressão, pelo menos até 1974. Foi exatamente nessas circunstâncias, sem válvulas de escape, que alguns grupos de esquerda — desesperados e desesperançados — se lançaram à luta armada. Constituídos fundamentalmente por jovens estudantes, audaciosos mas inexperientes, foram destroçados em uma luta desigual contra os aparelhos da repressão. Bravos jovens! Radicais, equivocados, mas generosos! A rigor, a ditadura, sempre segundo essas versões, fora a grande responsável pela luta armada, redimensionada como uma reação desesperada à falta de alternativas.

De 1974 em diante, nas condições relativamente favoráveis criadas pela distensão *lenta, segura e gradual*, comandada pelo general Geisel, haveria um reflorescimento das esquerdas moderadas e democráticas na sociedade. Na segunda metade dos anos 70 — sobretudo depois da revogação do Ato Institucional n.5, a partir do início de 1979, e da aprovação da Anistia, em agosto do mesmo ano —, lideranças e partidos de esquerda, embora ainda minoritários, voltariam a desempenhar papéis importantes na cena política.

A ditadura fora uma noite. Mas triunfara a manhã, confirmando a profecia do poeta Thiago de Melo: "Faz escuro, mas eu canto, porque a manhã vai chegar." Em 1979 a manhã chegou, finalmente. E a sociedade brasileira pôde repudiar a ditadura, reincorporando sua margem esquerda e reconfortando-se na idéia de que suas opções pela democracia tinham fundas e autênticas raízes históricas.

Muitos dos aspectos até agora referidos constituem lugares-comuns em uma certa memória sobre a ditadura e as esquerdas. Habitam discursos políticos, livros didáticos, filmes e materiais diversos de análise e divulgação. Em tudo isto, sobressai uma tese: a sociedade brasileira viveu a ditadura como um pesadelo que é preciso exorcizar, ou seja, a sociedade não tem, e nunca teve, nada a ver com a ditadura.

Assim, embora tenha desaparecido gradualmente, em ordem e paz, a ditadura militar foi e tem sido objeto de escárnio, desprezo ou indiferença, atitudes que tendem a estabelecer uma ruptura drástica entre o passado e o presente, quando não induzem ao silêncio e ao esquecimento de um processo, contudo, tão recente e tão importante de nossa história.

Entretanto, se isso tudo corresponde à verdade, como explicar por que a ditadura não foi simplesmente escorraçada? Ou que tenha sido aprovada uma anistia *recíproca*? Como compreender que permaneçam com tanta força lideranças e mecanismos de poder preservados e/ou construídos no período da ditadura, pela e para a ditadura? Como se sabe, do latifúndio ao poder incontrastável dos bancos, da mídia monopolizada de Roberto Marinho aos serviços públicos deteriorados da saúde e da educação, da dívida interna à externa, de José Sarney a Antonio Carlos Magalhães, passando por Delfim Neto, são inúmeras as continuidades entre as *trevas* da ditadura e as *luzes* da democracia. E o que dizer da cultura política autoritária, cuja vitalidade ninguém pode contestar tantos anos depois de fechado o período da ditadura militar?

Talvez seja necessário refletir um pouco mais sobre as raízes e os fundamentos históricos da ditadura militar, as complexas relações que se estabeleceram entre ela e a sociedade, e, em um contraponto, sobre o papel desempenhado pelas esquerdas no período.

É o que o presente texto pretende fazer. Começando pelo início: o processo que desembocou na instauração da ditadura. Reconstruir o contexto internacional. Revisitar as versões então formuladas: uma revolução? Um simples golpe de Estado? Em seguida, estudar o desenvolvimento contraditório dos governos ditatoriais, seus ziguezagues, as tradições conservadas, as rupturas efetuadas, as oposições de esquerda, os programas alternativos apresentados, o impacto que tiveram, sempre no contexto de uma sociedade que, afinal, nunca se rebelou de forma radical contra a ordem vigente. E observar, finalmente, como se foi extinguindo a ditadura militar, redefinindo-se, transformando-se, transitando para uma democracia sob formas híbridas, mudando de pele como um camaleão muda de cores, em uma lenta metamorfose que até hoje desencadeia polêmicas a respeito de quando, efetivamente, terminou. Nossa escolha recai em 1979, quando deixou de existir o estado de exceção, com a revogação dos Atos Institucionais, e foi aprovada a anistia, ensejando a volta do exílio dos principais líderes das esquerdas brasileiras. Daí em diante, abriu-se um período de transição, até 1988, quando a aprovação de uma nova Constituição restabeleceu as condições de um pleno estado de direito em nosso país.

Para além dos marcos cronológicos, porém, o fato é que da ditadura fez-se a democracia, como um parto sem dor, sem grandiloqüência ou heroísmo, sem revoluções ou morte d'homem. Cordialmente, macunaimicamente, brasileiramente.

Abril, 1964: a gênese da ditadura

A vitória do movimento civil-militar que derrubou João Goulart em abril de 1964 desferiu um golpe no projeto político nacional-estatista que o líder trabalhista encarnava e encerrou a experiência republicana iniciada com o fim do Estado Novo, em 1945. Mas não foi um raio que desceu de um céu azul. Ao contrário, resultou de uma conjunção complexa de condições, de ações e de processos, cuja compreensão permite elucidar o que deixou então surpresos e perplexos não apenas os vencidos, mas também os próprios vencedores.

Brasil e América Latina: a luta pela autonomia do nacional-estatismo

Uma primeira chave, mais ampla, engloba a América Latina e, a rigor, o Terceiro Mundo em seu conjunto. Remete à questão da viabilidade do projeto de *construção da autonomia* no contexto do mundo capitalista. Com efeito, desde a Segunda Revolução Industrial, de fins do século XIX, frente às grandes potências capitalistas, colocou-se para uma série de sociedades o desafio de construir uma inserção autônoma no mercado capitalista internacional. Na rede armada pelo processo de internacionalização do capital (comércio de mercadorias e exportação de capitais), combinada à expansão territorial, sobretudo das potências européias, laços apertados de dependência foram tecidos, dificultando — às vezes impedindo — a conquista de uma real autonomia política e econômica nas regiões da África, Ásia e América Latina, mesmo entre aqueles países que não chegaram a ser transformados em colônias diretas, como a China, ou que já tinham deixado de sê-lo, como quase todos os países da América Latina.

A I Grande Guerra e as convulsões subseqüentes dos críticos anos 20 e 30 (a emergência da revolução russa, o surgimento dos fascismos, a crise geral das economias liberais) abriram brechas nesses laços de dependência, permitindo a estruturação de projetos autonomistas, assumindo, quase sempre, um caráter nacional-estatista. A proposta republicana de Sun Yat-sen na China, a modernização da Turquia, liderada por Mustapha Kemal, o Partido do Congresso na Índia, o nacionalismo mexicano de Ernesto Cardenas, o Estado Novo varguista tinham esse sentido: explorar os espaços criados pelo enfraquecimento das potências, ou/e a rivalidade entre elas, para lograr margens de autonomia. Para além de suas diversidades, essas diferentes iniciativas esboçaram o projeto ambicioso de construir um desenvolvimento nacional autônomo no contexto do capitalismo internacional, baseado nos seguintes elementos principais: um Estado fortalecido e intervencionista; um planejamento mais ou menos centralizado; um movimento, ou um partido nacional, congregando as diferentes classes em torno de uma ideologia nacional e de lideranças carismáticas, baseadas em uma íntima associação, não apenas imposta, mas também concertada, entre Estado, patrões e trabalhadores. Era aí disseminada a crítica aos princípios do capitalismo liberal e à liberdade irrestrita dos capitais. Em oposição, defendia-se a lógica dos *interesses nacionais* e da *justiça social*, que um Estado intervencionista e regulador trataria de garantir.

No transcurso da II Guerra Mundial, as circunstâncias obrigariam as grandes potências a se conciliarem com esses projetos, que tiveram então um de seus melhores momentos para solicitar auxílios diversos, barganhar apoios e exercer margens de soberania. Depois da conflagração, contudo, novas circunstâncias imporiam redefinições de rumos.

O enfraquecimento das potências européias e do Japão e a estruturação de poderosos movimentos de libertação nacional pareciam abrir um horizonte favorável, inclusive porque as duas grandes superpotências resultantes do conflito mundial — os EUA e a URSS —, embora com intenções diversas, estavam também interessadas no fim dos velhos impérios coloniais. Este último aspecto, contudo, apresentava ambigüidades, porque tanto os EUA como a URSS cultivavam ambições universais e, na lógica da bipolaridade da Guerra Fria, pretendiam reduzir as margens de autonomia já conquistadas ou a conquistar.

Mas as coisas não se passaram da mesma forma nas várias regiões do mundo.

Na Ásia, a conjuntura do imediato pós-guerra foi auspiciosa para todos os que tentavam encontrar um caminho próprio. O Japão, derrotado, não ameaçava mais. As potências européias aliadas estavam fragilizadas para manter as colônias adquiridas ao longo do tempo. Em muitas regiões, o crescimento dos movimentos de libertação nacional, articulado com o próprio programa político da Grande Aliança contra o nazi-fascismo, comprometido com a democracia e autodeterminação dos povos, conduziu à aceitação ou ao reconhecimento da independência política de uma série de povos: Filipinas (1946), Índia e Paquistão (1947), Birmânia e Ceilão (1948), Indonésia (1949). Em alguns casos, a reação das velhas potências coloniais, ou disputas ideológicas acirradas, retardariam ou imporiam limitações ou partilhas à independência nacional, como nos casos do Vietnã e da Coréia. Mas não foi possível impedir de todo a conquista de consideráveis margens de autonomia. A vitória da revolução chinesa, em 1949, consolidaria e daria novo impulso a esse processo.

No mundo muçulmano e entre os países árabes, os movimentos autonomistas, esboçados desde o fim da II Guerra, tornaram-se irreversíveis na primeira metade dos anos 50, com o nasserismo, e, um pouco mais tarde, através da revolução argelina e do *socialismo árabe* na Síria e no Iraque. Na África negra, a partir da segunda metade dos anos 50 registraram-se os primeiros êxitos significativos (por exemplo a independência de Ghana, em 1957) do que viria ser uma grande onda de independências.

Todo esse processo abriu horizontes — e grandes esperanças — para a construção dos projetos autonomistas. A conferência de Bandung, realizada em 1955, estabeleceria os marcos iniciais dessa *utopia terceiro-mundista*, um dos componentes essenciais das relações internacionais até os anos 70. Ela se baseava na crença de que seria possível alcançar o sonhado desenvolvimento autônomo com base em um projeto nacional-estatista.

Na América Latina, entretanto, as coisas tomaram outros rumos. Em virtude da maior presença — política e econômica — dos EUA, do pouco peso exercido pela URSS, das opções definidas pela maior parte das elites dominantes da área e de certas tradições culturais, os projetos autonomistas construídos com algum êxito até 1945 tenderam a perder fôlego e vigor, definharam, entraram em crise.

Houve resistências, sem dúvida.

O peronismo na Argentina, a revolução boliviana, o aprismo no Peru, o movimento democrático-popular na Venezuela, o nacionalismo mexicano, o varguismo e o trabalhismo no Brasil, além de uma série de movimentos e experimentos na América Central, como o liderado por J. Arbenz na Guatemala, atestam a força acumulada e as raízes sociais e históricas, em nosso continente, do programa nacional-estatista, em luta pela conquista da autonomia.

Entretanto, a proposta de um desenvolvimento dependente e associado aos capitais internacionais tendeu a ganhar força, sobretudo nos anos 50, quando novas reestruturações da divisão internacional do trabalho permitiram a alguns países mais importantes do continente — Brasil, Argentina, México — estabelecer políticas de atração e incentivos aos capitais internacionais e dispor de condições para empreender surtos industrializantes.

As alianças então constituídas, e as expectativas geradas — pelo menos em alguns países que puderam registrar altos níveis de crescimento econômico, como por exemplo o Brasil dos *50 anos em 5* de Juscelino Kubitschek —, minaram mas, como se verá, não chegaram a destruir as bases constituídas pela tradição nacional-estatista.

Com efeito, nem todos os dados estavam ainda jogados.

A vitória das revoluções cubana, em 1959, e argelina, em 1962, o processo de independências nacionais na África negra e no mundo árabe e muçulmano, a luta revolucionária no Vietnã, retomada a partir dos começos dos anos 60, entre muitos outros acontecimentos, conferiram novo alento aos movimentos nacional-estatistas latino-americanos.

O enfrentamento entre Cuba e os poderosos Estados Unidos da América, a sobrevivência da revolução cubana em meio a pressões de toda ordem, empolgava as correntes nacionalistas, que se reconheciam como parte da *nuestra America*, um sonho de José Martí que muito se assemelhava, nas condições específicas da América Latina, ao *espírito* afro-asiático formulado em Bandung. Assim, em uma perspectiva mais ampla, histórica, a revolução cubana pode ser avaliada como um elo a mais da longa luta dos movimentos nacional-estatistas latino-americanos pela conquista de margens de autonomia. Nessa mesma perspectiva as declarações altissonantes sobre o caráter socialista do regime político e social cubano deveriam ser comprendidas muito mais como uma imposição da pressão e do cerco dos EUA — e da necessária aliança de defesa com a URSS — do que como uma evolução consciente e estruturada da própria revolução.

O fato é que todo esse processo incendiava as imaginações. As utopias pareciam ao alcance da mão, um fermento para o nacionalismo latino-americano, um alarme para as classes conservadoras e para o Estado norte-americano.

Nesse contexto internacional, abriu-se uma conjuntura de grandes lutas sociais, até então, inédita na história da república brasileira. O marco inicial foi a renúncia do presidente Jânio Quadros, em agosto de 1961.

1961-1964: a derrota do nacional-estatismo

Jânio fora eleito, em outubro de 1960, com um discurso ambíguo, articulando um leque de forças: oligarcas liberais, classes médias, amplos contingentes de trabalhadores. Estavam todos, por diferentes razões, descontentes com os rumos da sociedade. A euforia provocada pelo crescimento da segunda metade dos anos 50, que de fato abrira amplos horizontes, cedera lugar à apreensão face às contradições que se acumulavam.

Em seus tempos de glória, é certo que o modelo *desenvolvimentista* efetuara rupturas com o projeto nacional-estatista associado a Vargas. Para alguns, sobretudo depois do suicídio do líder gaúcho, aquele projeto estava condenado pela História. Entretanto, apesar de suas inovações, os *50 anos em 5* de JK conservaram algumas heranças essenciais dos tempos varguistas: o intervencionismo estatal, os pesados investimentos em infra-estrutura (Plano de Metas) e a incorporação dos trabalhadores (afrouxamento da tutela ministerial sobre o movimento sindical e gestão associada da Previdência Social). Não por acaso fora possível manter de pé a aliança articulada por Getúlio Vargas entre o Partido Social-Democrático (PSD) e o Partido Trabalhista Brasileiro (PTB), com o apoio, nas margens, dos próprios comunistas.

Mas, em fins dos anos 50, parecia que o desenvolvimentismo estava, de algum modo, fazendo água: o ritmo de crescimento diminuíra, crescera a inflação, intensificara-se o cortejo de desajustes próprios de épocas de transformações aceleradas.

Como resultado, desgastaram-se as forças e os partidos que haviam até então comandado o país. Criou-se na sociedade, lentamente, uma atmosfera geral a favor de mudanças, de reformas. Era preciso renovar a vida política do país. Jânio, líder carismático por excelência, soube encarnar esses anseios pelo *novo*, tão próprios da cultura política brasileira. Com uma vassoura, símbolo da campanha eleitoral, saberia *varrer* as dificuldades e os problemas. Elegendo-se com quase 6 milhões de votos (cerca de 48% dos votantes), assumiu o poder com força considerável, alimentando as expectativas de um *novo começo*.

Mas o governo, iniciado em janeiro de 1961, cedo pareceu uma potência que não se realizava, como se fosse um bólido que não conseguisse arrancar. A política econômica, na linha da ortodoxia monetarista, desagradava o setor industrial acostumado ao crédito fácil, sem conseguir segurar a inflação. A política externa independente irritava os setores conservadores sem angariar os apoios das esquerdas, desprezadas por Jânio. Quanto aos trabalhadores, frente à inflação crescente, recebiam promessas de austeridade... Enquanto isso, as reformas vagamente anunciadas e tão desejadas não se concretizavam, nem mesmo na forma de projetos consistentes.

O presidente parecia apostar apenas no diálogo direto com a sociedade, exercitando seu inegável carisma. Reclamava de restrições e alegava carecer de plenos poderes, embora não estivesse evidente para ninguém, e provavelmente sequer para ele mesmo, o que faria com eles. Contudo, foi com essa perspectiva que renunciou, em agosto de 1961, em um golpe bem urdido, que surpreendeu a todos, mas pessimamente executado, posto que não havia nenhuma organização acompanhando o desfecho da trama.

A nação, durante quase duas semanas, esteve à beira da guerra civil e do caos.

Os ministros militares tentaram impedir a posse do vice-presidente eleito, João Goulart, o Jango, líder do Partido Trabalhista Brasileiro (PTB). No entanto, frente ao movimento de resistência ao golpe e à quebra da legalidade constitucional, encabeçado pelo governador do Rio Grande do Sul, Leonel Brizola, houve um acordo em que ambos os lados recuaram, na boa tradição de Itararé*.

* Nos anais da história militar, Itararé avulta, em 1930, como a maior batalha do continente latino-americano... que não houve. Com efeito, os contendores, partidários e adversários da marcha que levaria Getúlio Vargas ao poder, depois de se aprestarem para um choque decisivo, retiraram-se para posições defensivas, sem disparar um tiro, negociando o desfecho de forma pacífica.

Afinal Jango assumiu o governo, em 7 de setembro de 1961, mas com os poderes presidenciais castrados, em um parlamentarismo híbrido, uma estranha fórmula constitucional em que se associavam um presidente enfraquecido e um parlamento fraco. Quanto aos golpistas, tiveram as posições preservadas, não sendo punidos.

Alguns aspectos dessa crise merecem ser destacados para a inteligiblidade dos acontecimentos que se seguirão. *Primo*, a improvisação do veto à posse de Jango, devida à própria surpresa com que foram colhidos os ministros militares pela renúncia do presidente Jânio Quadros, e a indecisão e as divisões das elites dominantes constituíram fatores fundamentais para o fracasso da tentativa de golpe. *Secundo*, o protagonismo dos movimentos populares, que entraram na cena política em defesa da posse de Goulart. Na seqüência, eles não se deixariam tão facilmente afastar do palco. *Tertio*, o fator essencial de que esses movimentos haviam partido para a luta em defesa da democracia, da lei e da ordem constitucional. Não por acaso, a rede de comunicações organizada pela posse de Jango se auto-intitulava *rede da legalidade*. Em outras palavras, a luta se travara em *defesa da ordem legal*.

Com a posse de João Goulart, retornou do passado uma sombra que parecia banida pela morte: a de Vargas. Nas condições internacionais aparentemente favoráveis então existentes, entre as quais figurava o sucesso da revolução cubana, o novo presidente fortalecido pela vitória do movimento pela legalidade, que lhe assegurou a posse, apoiado em um partido de massas em crescimento, o PTB, e sobretudo pelo tipo particular de relações que entretinha com os movimentos sociais organizados, poderia reunir condições de reatualizar a hipótese do projeto nacional-estatista. Com efeito, se o desenvolvimentismo de JK abalara alguns de seus fundamentos, não o superara. Quanto a Jânio Quadros, não teve sequer tempo, ou condições, para elaborar alguma alternativa. Assim, em um contexto de intensos debates e lutas políticas, marcado pelo protagonismo dos movimentos populares, ressurgia uma possibilidade que muitos imaginavam definitivamente enterrada.

As agitações sociais ampliaram-se, em um crescendo, alcançando trabalhadores urbanos e rurais, assalariados e posseiros, estudantes e graduados das forças armadas, configurando uma redefinição do projeto nacional-estatista, que passaria a incorporar uma ampla — e inédita — participação popular. Talvez exatamente por causa disso, mudaram o tom e o sentido do discurso: ao contrário de uma certa tradição conciliatória, típica do estilo de Getúlio Vargas, os obstáculos deveriam agora ser removidos, e não evitados, e os alvos, abatidos, e não contornados.

E assim tomou corpo o programa das *reformas de base.*

A *reforma agrária*, para distribuir a terra, com o objetivo de criar uma numerosa classe de pequenos proprietários no campo. A *reforma urbana*, para planejar e regular o crescimento das cidades. A *reforma bancária*, com o objetivo de criar um sistema voltado para o financiamento das prioridades nacionais. A *reforma tributária*, deslocando a ênfase da arrecadação para os impostos diretos, sobretudo o imposto de renda progressivo. A *reforma eleitoral*, liberando o voto para os analfabetos, que então constituíam quase metade da população adulta do país. A *reforma do estatuto do capital estrangeiro*, para disciplinar e regular os investimentos estrangeiros no país e as remessas de lucros para o exterior. A *reforma universitária*, para que o ensino e a pesquisa se voltassem para o atendimento das necessidades sociais e nacionais.

Instaurou-se um amplo debate na sociedade sobre o assunto. Nas ruas, nas greves e nos campos, agitavam-se os movimentos sociais, reivindicando, exigindo, radicalizando-se.

Entretanto, em sentido contrário, mobilizavam-se igualmente resistências expressivas. A análise das eleições de 1962, cerca de um ano após a posse de Jango, que renovaram a Câmara Federal, parte do Senado e mais um conjunto importante de governos estaduais, evidenciou a força das direitas e da opinião conservadora.

No Congresso Nacional, embora o PTB e outros partidos reformistas menores houvessem registrado avanços relevantes, o PSD e a UDN nucleavam ampla maioria conservadora. Nas eleições para os governos dos estados, se as esquerdas tinham conseguido êxito em Pernambuco e no Rio de Janeiro, elegendo Miguel Arraes e Badger da Silveira, as direitas haviam eleito I. Meneghetti no Rio Grande do Sul e Ademar de Barros em São Paulo. Sem contar o fato de que outros importantes estados, como Minas Gerais e Guanabara, já eram governados por lideranças conservadoras (Magalhães Pinto e Carlos Lacerda). A tradução política dessas eleições, no que diz respeito às reformas, poderia ser assim resumida: elas não seriam aprovadas legalmente pelas instituições representativas.

Nas margens da Lei, restara a expectativa de viabilizar as reformas através do restabelecimento dos plenos poderes presidenciais de Jango. O plebiscito sobre a questão, antecipado para janeiro de 1963, resultara, de fato, em uma vitória consagradora para Jango. Mas gerara, em seguida, grandes frustrações, porque o Plano Trienal formulado por Celso Furtado e apresentado por Jango não chegou a durar três meses. Aliás, a propósito do plebiscito, seja dito que a euforia das esquerdas com o restabelecimento do presidencialismo apenas em parte se justificava, pois a vitória devera-se também ao fato de que grandes líderes conservadores, com interesses nas eleições presidenciais de 1965, haviam apoiado o voto que derrubara o parlamentarismo existente.

De sorte que, em fins do primeiro semestre de 1963, o programa reformista, que redesenhava a perspectiva nacional-estatista em um novo patamar de incorporação popular, aprofundando uma proposta de inserção autônoma nas relações internacionais, estava atolado em um impasse histórico.

A sociedade dividira-se.

De um lado, amplos contingentes de trabalhadores urbanos e rurais, setores estudantis de algumas grandes universidades públicas, além de muitos graduados das forças armadas. O movimento pelas reformas lhes conferira uma importância política considerável, e percebiam, com razão, que a concretização delas haveria de consolidar uma repartição de poder e de riqueza que certamente lhes traria grandes benefícios, materiais e simbólicos. Por isso mesmo, acionavam os mecanismos do pacto nacional-estatista, tensionando-os ao máximo, exigindo as reformas. Contudo, na medida em que essas não se concretizavam, desiludiam-se com a Lei e passavam, crescentemente, a defender o recurso à força, sintetizado na agressiva palavra de ordem: *reforma agrária na lei ou na marra*.

De outro lado, um processo de condensação de várias correntes de oposição às reformas: das elites tradicionais a grupos empresariais favoráveis a projetos *modernizantes*. Aliavam-se também, nessa verdadeira *frente social*, grande parte das classes médias e até mesmo setores populares: pequenos proprietários, profissionais liberais, homens de *terno-e-gravata*, empregados de *colarinho branco*, oficiais das forças armadas, professores e estudantes, jornalistas, trabalhadores autônomos, enfim, toda uma constelação de profissões e atividades beneficiadas pelo dinamismo da economia brasileira.

Nesse conjunto extremamente heterogêneo, muitos haviam acumulado riquezas, privilégios e favores no interior do nacional-estatismo. Não desejavam destruí-lo, mas não suportavam a irrupção das lideranças populares que se faziam cada vez mais atuantes. Todos sentiam obscuramente que um processo radical de redistribuição de riqueza e poder na sociedade brasileira, em cuja direção apontava o movimento reformista, iria atingir suas posições, rebaixando-as. E nutriam um grande Medo de que viria um tempo de desordem e de caos, marcado pela subversão dos princípios e dos valores, inclusive dos religiosos. A idéia de que a civilização *ocidental e cristã* estava ameaçada no Brasil pelo espectro do *comunismo ateu* invadiu o processo político, assombrando as consciências.

Nunca seria demais recordar a importância da conjuntura internacional da guerra fria, então radicalizando-se mais uma vez, condicionando os acontecimentos. Um dos eixos do processo era, sem dúvida, a revolução cubana, epicentro de vários acontecimentos de dimensão mundial, entre 1960 e 1962: a invasão frustrada da ilha revolucionária por exilados financiados e armados pelos norte-americanos; o lançamento da Aliança para o Progresso, com propostas reformistas moderadas para conter a onda radical e *comunizante*; a crise dos foguetes, levando o mundo à beira de uma guerra atômica; a expulsão de Cuba da Organização dos Estados Americanos no contexto de uma grande ofensiva guerrilheira em todo o continente. O hálito quente da revolução aquecia a nuca das elites latino-americanas, tirando-lhes o sono. Complementavam o quadro a vitória da revolução argelina (1962), a retomada da guerra do Vietnã (1960) e o processo das independências na África (primeira metade dos anos 60).

O projeto nacional-estatista brasileiro levaria também, como em Cuba, à *comunização* do Brasil? Não seria esse um resultado inevitável, considerando-se o protagonismo crescente dos movimentos sociais? Mobilizavam-se os dinheiros e os terços para esconjurar o fantasma.

E então ocorreu uma notável inversão de tendências.

Os movimentos e lideranças partidários das reformas, que haviam originalmente construído sua força na luta pela posse de Jango e, em seguida, pelo restabelecimento dos plenos poderes presidenciais — em outras palavras, na *defesa da ordem constituída e da legalidade*—, tinham evoluído, progressivamente, para uma linha ofensiva em que inclusive se contemplava o recurso à violência revolucionária. Sucediam-se discursos exaltados, ameaças veladas, uma retórica grandiloqüente, freqüentemente sem correspondência com a força e a organização reais dos movimentos sociais em curso. Com efeito, em larga medida, tudo, ou quase tudo, na tradição nacional-estatista, ainda dependia da tolerância, ou do apoio, do Estado. Descoladas das realidades, as imaginações ardiam. Até mesmo os experientes e moderados dirigentes do Partido Comunista Brasileiro, formalmente ilegal mas, de fato, atuando às claras, deixaram-se contaminar. Começou a haver ali um desejo de ir às vias de fato, de procurar um *desfecho*. E, assim, quem estava em linhas de defesa passou ao ataque, imaginando ter chegado a sua hora.

Enquanto isso, do outro lado, notórios conspiradores de todos os golpes, desde que se fundara aquela república em 1945, os mesmos que haviam se ativado na tentativa de impedir a posse de Goulart, encontravam-se agora defendendo a constituição e a legalidade da ordem vigente. Falavam palavras ponderadas, aconselhavam ritmos lentos, invocavam a razão e a religião, condenavam excessos e radicalismos e se exaltavam pregando a moderação. Entretanto, armavam o bote, ou os botes, porque, além de numerosos, eram diversos, heterogêneos. E, assim, quem sempre atacara passara agora à defensiva, esperando a sua hora.

E afinal a hora chegou, para todos, em março de 1964.

Depois de longos meses de indecisão, armadilhado no impasse de uma correlação de forças aparentemente equilibrada, Jango resolveu partir para a ofensiva. Dispôs-se a liderar um conjunto de grandes comícios para aumentar a pressão pelas reformas. O primeiro seria no Rio, o último, em 1º de maio, em São Paulo. Planejou-se igualmente, no limite das atribuições do presidente da República, a edição de decretos, que implementariam, na prática, aspectos do programa das reformas de base.

O primeiro — e único — comício realizou-se em 13 de março de 1964. Um sucesso. Reuniram-se todas as esquerdas, mais de 350 mil pessoas, na defesa exaltada das reformas e na celebração dos decretos assinados, expropriando pequenas refinarias particulares e abrindo caminho para a reforma agrária, ao prever a possibilidade de desapropriação de terras improdutivas ao longo dos eixos rodoferroviários. Um valor mais simbólico do que real, mas indicando uma direção — a da radicalização e do enfrentamento. As forças desencadeadas da reforma.

A reação veio imediata. No dia 19, em São Paulo, desenrolou-se uma primeira Marcha da Família com Deus pela Liberdade. As direitas unidas, alarmadas, aparentando decisão, também foram às ruas, cerca de 500 mil pessoas. Outras marchas se seguiram em várias cidades, em processo até hoje mal estudado. As forças desencadeadas da contra-reforma.

Onde aquilo tudo iria parar?

Jango foi parar em uma pescaria, com a família, em uma de suas fazendas no Rio Grande do Sul, aproveitando o feriadão da Semana Santa. Muito simbólico. Inclusive porque essa atitude foi, em maior ou menor medida, compartilhada pelo conjunto das esquerdas. Na tradição nacional-estatista, a iniciativa decisiva sempre viria do alto e do Estado, embora só podendo ganhar consistência com o apoio e a mobilização consciente dos movimentos sociais. E, assim, às grandes *palabras* do comício do 13 de março seguiu-se uma espécie de letargia, à espera do comício seguinte. Em vez de febris preparativos para um grande enfrentamento histórico, previsível, uma excursão familiar aos peixes...

Mas o barril de pólvora e a mecha estavam lá, à espera de um fósforo aceso.

Quem o acendeu foi uma reunião da Associação dos Marinheiros e Fuzileiros Navais do Brasil (AMFNB). Proibida pelo ministro da Marinha, mantida pela diretoria da entidade, reunida, afinal, na sede do Sindicato dos Metalúrgicos do Rio de Janeiro. O cenário teve um ar de *Encouraçado Potemkin*, do cineasta russo Eisenstein. Qualquer semelhança entre os fatos — brasileiros — e o filme — russo — não era, evidentemente, mera coincidência, inclusive porque, como convidado de honra, comparecera João Cândido, *o almirante negro*, líder e único sobrevivente da revolta da armada, de 1910, quando tivemos também direito aos nossos Potemkins...

A partir de então, as coisas correram muito rapidamente.

A crise na Marinha mudou o foco do processo político. Em vez de um enfrentamento entre projetos políticos, entre reforma e contra-reforma, uma luta entre os defensores da hierarquia e da disciplina nas Forças Armadas e os que desejavam subverter esses valores. Um desastre político para Jango e para as forças reformistas, cujo dispositivo militar começou a ruir.

Um último discurso no Automóvel Clube a uma assembléia radicalizada de subalternos das Forças Armadas empurrou de vez o carro ladeira abaixo. Condensaram-se todas as forças anti-reformistas, à espera de uma iniciativa que, afinal, veio de Minas Gerais, através do estouvado mas decidido general Olímpio Mourão. Os demais dispositivos conspiratórios, depois de alguma hesitação, acompanharam.

Jango foi fugindo do cenário aos soluços: Brasília, Porto Alegre, Montevidéu, deixando atrás de si um rastro de desorientação e desagregação. Apavorado diante do incêndio que provocara sem querer, horrorizado com a hipótese de uma guerra civil que não desejava, decidiu nada decidir e saiu da História pela fronteira com o Uruguai. As esquerdas não ofereceram resistência, salvo focos isolados, dispersados sem grande dificuldade. Jogavam todas as fichas no dispositivo militar de Jango e no próprio presidente. Quando o primeiro ruiu, em uma sucessão impressionante de batalhas de Itararé, e o segundo fugiu, quedaram-se aparvalhadas, desmoralizadas.

As direitas saudaram nas ruas a vitória imprevista. Uma grandiosa Marcha da Família com Deus e pela Liberdade, com centenas de milhares de pessoas, no Rio de Janeiro, comemorou o golpe militar e festejou a derrocada de Jango, das forças favoráveis às reformas e do projeto nacional-estatista que encarnavam.

Sem ainda saber exatamente o que iria acontecer, o país ingressara na longa noite da Ditadura Militar.

Ditadura ou democracia: a busca de identidade

A primeira grande dificuldade dos vitoriosos foi definir um programa construtivo, uma identidade política positiva.

Com efeito, como já se disse, formara-se, para derrubar o governo de Jango, uma ampla e diferenciada frente, com denominadores comuns muito genéricos: salvar o país da *subversão* e do *comunismo*, da *corrupção* e do *populismo*. E restabelecer a democracia. Funcionando como cimento, unindo a todos, o Medo de que um processo radical de distribuição de renda e de poder pudesse sair dos controles e levar o país à desordem e ao caos.

Agora, obtida a vitória, colocava-se a prosaica questão: o que fazer?

Não foi muito fácil encontrar uma resposta comum. Havia os que desejavam simplesmente remover Jango. Depois, legitimar o golpe por um expediente jurídico qualquer, devidamente aprovado pelo Parlamento. Então, as Forças Armadas voltariam aos quartéis, retomando-se a vida institucional nos padrões anteriores. Grande parte dos políticos e militares, aderentes de última hora à proposta de derrubar Jango, desejavam assim circunscrever a intervenção militar. Outros, no entanto, queriam uma *limpeza* mais funda. Assim, as eleições previstas para 1965 e 1966 não dariam chance para os agora vencidos recobrarem suas posições. Sintonizados com esse ponto de vista estavam os círculos que gravitavam em torno dos líderes civis do movimento, Ademar de Barros, Magalhães Pinto e Carlos Lacerda, entre outros, que pretendiam beneficiar-se com o saldo da operação militar. E havia, finalmente, os que imaginavam ter um projeto alternativo global à situação existente. Pretendiam destruir, em seus fundamentos, a ordem e as tradições nacional-estatistas que Jango representava, e pôr no lugar uma alternativa *internacionalista-liberal*, centrada na abertura econômica para o mercado internacional, no incentivo aos capitais privados, inclusive estrangeiros, em uma concepção diferente do papel do Estado na economia, mais regulador do que intervencionista. Tais perspectivas tinham sido elaboradas no âmbito do Instituto de Pesquisa e Estudos Sociais, o IPES, uma organização que reunia lideranças civis e militares e que desempenhara um importante papel na vitória do golpe.

Em meio a essas contradições, a posse de Ranieri Mazzili, presidente da Câmara, foi um mero rito. Todos sabiam que ele apenas estava em uma posição de poder, mas não o detinha. Na desordem que se seguiu à derrocada de Jango, houve uma espécie de disputa surda entre lideranças e dispositivos alternativos. Rapidamente o poder efetivo condensou-se em torno de uma junta militar, reunindo chefes militares das três Armas e que se autodenominara Comando Supremo da Revolução.

Poucos dias depois, em 9 de abril, a junta editou um Ato Institucional que instaurou o estado de exceção no país. Começou a decretar a cassação de mandatos eletivos, a suspensão de direitos políticos, por dez anos, além de aposentadorias de civis e reformas de militares, atingindo centenas de pessoas. Ao mesmo tempo, um processo de caça às bruxas desencadeava-se pelo país afora, com prisões, censura a publicações e intimidações de toda a ordem.

Nem todos que haviam apoiado a queda de Jango se reconheciam naquelas ações. Havia uma certa dificuldade em definir o que se estava passando. Mas aquilo, decididamente, não parecia um *golpe* na tradição latino-americana. Os homens do Comando Supremo falavam em nome de uma *revolução*, querendo explicitar a perspectiva de que não tinham promovido uma intervenção de caráter passageiro, mas algo mais profundo. O que, exatamente, poucos, talvez nem eles mesmos saberiam dizer naquele momento.

O problema é que o processo todo fora consumado não em nome de uma *revolução*, mas no dos valores da civilização cristã e da democracia. Era necessário, portanto, conferir legitimidade ao novo poder e definir alguém com qualificações para assumir a presidência da República. Foi nessas circunstâncias que o nome do general Castelo Branco apareceu. Tinha prestígio entre seus pares e conexões com o IPES, o dispositivo organizado que, naquele momento, era inegavelmente o mais articulado em termos políticos.

A entronização do homem, contudo, requereu perícia e uma certa flexibilidade. Afinal, depois de complicadas negociações, o general foi eleito pelo Congresso Nacional, já depurado por dezenas de cassações de direitos políticos. A seu lado, como vice-presidente, a figura de José Maria Alkmin, velha raposa do PSD, amigo e correligionário de Juscelino Kubitscheck, que participou também da trama, pensando estar assegurando seu futuro político.

Assim, desde a própria gênese, aquele processo armou um *imbroglio* maior, que o marcaria até o fim de seus dias. De um lado, em função da proposta, nem sempre muito claramente formulada, de destruir pela raiz o *antigo regime* representado por Jango, o Ato Institucional, a exceção, a *revolução*, a ditadura. De outro, em virtude da necessidade de considerar o conjunto de forças que haviam se reunido para aquele desfecho, o respeito pela democracia, por seus valores e por suas formas e ritos.

Castelo Branco pareceu, naquele momento, sintetizar esses dois lados dificilmente compatíveis. Por isso foi eleito pelo Congresso. Mas houve, nos bastidores, ranger de dentes e imprecações. Mesmo porque não eram muitos os que sabiam com clareza quais eram seus planos para o país.

As vicissitudes do internacional-liberalismo

Entre os homens políticos e na sociedade em geral, é comum a percepção de que tudo é possível a partir do poder, sobretudo de um poder centralizado e forte por tradição. Na História, muitos líderes, inclusive revolucionários, aprenderam à própria custa que não é bem assim. Se houvesse necessidade, a trajetória do governo Castelo Branco seria uma boa ilustração a respeito dos limites de um poder aparentemente incontrastável.

O novo governo tinha um perfil, e um programa.

O seu *internacionalismo* rompia com as pretensões autonomistas do *nacional-estatismo* e enveredava por uma proposta de alinhamento com os EUA. Essa era a dimensão geopolítica de um projeto mais amplo de integração do Brasil no chamado mundo ocidental e de abertura do país aos fluxos do capital internacional. O que se traduziu em uma política econômica afinada com as propostas do Fundo Monetário Internacional para debelar a crise econômica brasileira, cujos aspectos inflacionistas (80% em 1963) e recessivos (1,6% de crescimento em 1963) foram combatidos de acordo com os padrões monetaristas ortodoxos: corte dos gastos públicos, contenção do crédito, arrocho dos salários, em outras palavras, e no jargão usual, saneamento financeiro. O governo resolveu os problemas existentes com as empresas estrangeiras concessionárias de serviços públicos, através da compra da AMFORP, assinou um generoso acordo de investimentos, oferecendo amplas garantias aos capitais de risco, formulou uma lei de remessa de lucros convidativa e conseguiu reescalonar as dívidas que tinha com os bancos privados e as instituições internacionais, afastando o espectro da moratória. Havia um projeto ambicioso de estabilizar a economia e as finanças, constituir um autêntico mercado de capitais no país, incentivar as exportações e atrair vultosos investimentos de capitais privados.

O governo norte-americano e as instituições internacionais de crédito acolheram com grande satisfação o novo aliado. Não faltaram apoio político e crédito internacional para o Brasil. Contudo, seja pelas desconfianças acumuladas, seja por condições gerais desfavoráveis, o fluxo, esperado, de capitais internacionais não apareceu, frustrando as expectativas de Castelo Branco e de sua equipe econômica.

Em certa medida, por causa disto, a política econômica não apresentou resultados convincentes. A inflação baixava, mas não era domada: 86% em 1964, 45% em 1965, 40% em 1966. O crédito, escasso, provocava quebras no comércio e na indústria, ensejando reclamações e críticas de comerciantes e industriais, que mobilizavam suas poderosas organizações, pressionando o governo. Quanto aos assalariados, tinham reajustes bem inferiores aos índices inflacionários. Se a insatisfação provocada pela situação não se exprimia através de movimentos sociais, bem controlados pela dupla força da repressão e da desmoralização política, ninguém ousaria dizer que o ânimo estivesse favorável ao governo.

Do ponto de vista do ideário liberal, o governo ia muito mal das pernas.

Não foi possível fazer desaparecerem as tradições controladoras e intervencionistas do Estado brasileiro, ao contrário. Um outro aspecto-chave: para além da degola de algumas centenas de lideranças sindicais, a estrutura corporativista, de trabalhadores e patrões, permaneceu intacta. Como se o peso de tradições mal controladas se impusesse sobre a vontade reformadora do governo.

Por outro lado, a repressão desatada punha em frangalhos os valores liberais e democráticos com os quais o governo dizia-se comprometido. As centenas de cassações e as operações desastradas de censura causavam escândalo e desgaste, sem falar no cortejo de Inquéritos Policiais-Militares (IPMs), completamente inócuos do ponto de vista da eliminação das raízes do regime anterior.

Formou-se, assim, uma atmosfera de descontentamento. Não somente entre os derrotados, é claro, mas mesmo em setores expressivos da grande frente que havia apoiado o golpe. Líderes civis importantes do movimento vitorioso, como por exemplo Carlos Lacerda, preocupados com a impopularidade do governo, com o qual eram identificados pela opinião pública, e com a proximidade das eleições, previstas para 1965 e 1966, às quais deveriam se submeter, começaram a criticar a política econômica e pedir a cabeça dos seus responsáveis: Roberto Campos, ministro do Planejamento e Otávio Gouvea de Bulhões, da Fazenda, no que seriam acompanhados por boa parte da grande mídia conservadora, porém rebelde, às determinações governamentais.

1. O Comício da Central do Brasil: reformas na lei ou na marra! Rio de Janeiro, 13.3.1964.

2. Uma semana depois, a reação: a Marcha da Família com Deus pela Liberdade. São Paulo, 19.3.1964.

3. Um brinde aos três poderes da ditadura: Exército, Marinha e Aeronáutica.

4. Gregório Bezerra, preso e torturado em público. Recife, abril de 1964.

5. Enterro do estudante Edson Luis de Lima Souto, 29.3.1968. O estopim que acendeu o ano de 1968.

6. Estudantes e classe média contra a ditadura: a Passeata dos Cem Mil em 1968.

7. Pra frente, Brasil! A barragem de Itaipu. Início da década de 1970.

8. Três generais – Médici, Geisel e Figueiredo –, quinze anos de poder: 1969-1984.

9. A anti-candidatura de Ulisses Guimarães em 1978: a oposição moderada vai às ruas.

10. Anistia ampla, geral e irrestrita! Mas a lei de 1979 foi parcial, limitada... e recíproca.

11. Greve em São Bernardo – o fim e o recomeço, 27.3.1979.

Tais dissonâncias geravam brechas por onde penetraram as críticas de estudantes e intelectuais.

Os representantes e potentados do regime faziam a delícia de humoristas e cartunistas, que exprimiam a maré montante do desagrado da sociedade diante de um regime que se configurava, cada vez mais, como uma ditadura militar, sobretudo depois da prorrogação do mandato de Castelo Branco, em julho de 1964. No teatro, na música de protesto, no cinema, nas artes plásticas, ecoavam as perplexidades e as amarguras de amplos setores sociais.

Elas também seriam agitadas pelos estudantes universitários. Por ocasião do movimento golpista, estes encontravam-se profundamente divididos, e apenas uma pequena minoria arriscou-se a defender o regime que estava sendo derrubado. Contudo, o novo governo, com uma truculência ímpar, auxiliado por algumas dezenas de IPMs, fora capaz de ganhar a hostilidade da grande maioria. De forma molecular, formou-se uma oposição crescente, vindo daí as primeiras manifestações públicas de repulsa ao governo. Também foram os estudantes universitários que constituíram a principal base social do processo de rearticulação das esquerdas organizadas, postas, todas, na clandestinidade desde abril de 1964.

Entretanto, de modo geral, todo esse movimento crítico tinha duas grandes limitações. A primeira, e principal, era de ordem social. As grandes massas de trabalhadores urbanos e rurais não tinham vez, nem voz, naquelas críticas. A maior parte simplesmente acomodou-se à nova situação, devotando-se à batalha pela sobrevivência. Outros setores, mais participantes nas lutas pelas reformas de base, encontraram-se desorientados e desmoralizados pelo desabamento de suas referências político-partidárias e sindicais. Dispersos, derrotados, órfãos de lideranças, presas ou exiladas, quedavam-se mudos, atomizados, envolvidos na amargura das ilusões perdidas.

Mas não havia apenas limitações sociais. Do ponto de vista do conteúdo, as críticas então elaboradas tinham uma notável predileção para os aspectos incongruentes do regime, sobretudo para os que se prestavam ao riso e ao deboche. Falava-se muito nas contradições e nos impasses do governo. Apostava-se em uma espécie de beco sem saída. Como se o país estivesse embalado em uma caminhada inevitável para uma explosão, metaforicamente comparado com um barril de pólvora. A obtusidade daqueles *gorilas* seria incapaz de dirigir por muito tempo um país grande e complexo como o Brasil. Eles seriam obrigados a recuar, pela força das circunstâncias, ou aquilo tudo explodiria, reabrindo horizontes para a única alternativa possível: as reformas de estrutura. Formou-se, assim, sobretudo entre os mais radicais, uma *utopia do impasse*, em uma linha de continuidade com o que havia de mais extremado na conjuntura anterior ao golpe militar. Com essa crença se organizaria a autodenominada esquerda *revolucionária*, ou *nova* esquerda. Para ela, a ditadura era uma tragédia, mas tinha uma virtude: a de limpar os horizontes, removendo da cena política as tradições moderadas do PTB e do velho PCB de Prestes, soterrados sob os escombros da derrota política. Agora, não mais seria possível cultivar ilusões. As *massas* se transformariam em *classes*, e a revolução, a autêntica revolução, poderia despontar como hipótese. Nessas construções, distantes da dinâmica da sociedade, era impossível perceber que, no emaranhado contraditório das políticas da ditadura, tomava corpo um processo de modernização conservadora.

O governo Castelo Branco encerrou-se em meio a ondas de descrédito e insatisfação. Muito poucos ainda acreditavam em seus compromissos com a democracia e com o liberalismo, sobretudo depois de um novo Ato Institucional, o AI-2, editado sob sua direta responsabilidade depois da derrota eleitoral para os governos de Minas Gerais e da Guanabara em 1965. Com o novo Ato, reinstaurou-se o estado de exceção, a ditadura aberta. Com ele na mão, Castelo Branco cometeu as arbitrariedades que lhe pareceram necessárias: milhares de cassações (no fim de seu governo, mais de 3.500 pessoas haviam sido punidas pelos atos de exceção), deposição de governantes legalmente eleitos, recesso do Congresso Nacional, extinção dos partidos políticos tradicionais, imposição de eleições indiretas para governadores e presidente da República, entre muitas outras decisões de caráter ditatorial.

Atropelando a tudo e a todos, até mesmo a seus princípios, acumulando desgastes em todas as áreas, Castelo Branco acabou perdendo o controle da própria sucessão, obrigado a aceitar a candidatura do ministro do Exército, Costa e Silva.

O general-presidente ainda tentou legar uma armadura jurídico-constitucional ao país com uma nova Constituição, uma nova Lei de Imprensa e uma nova Lei de Segurança Nacional, mas a aprovação a toque de caixa por um Congresso encolhido não conseguiu legitimar seus propósitos. É certo que se realizaram as eleições legislativas de 1966, quando os novos partidos, criados à sombra do arbítrio, a Aliança Renovadora Nacional (ARENA) e o Movimento Democrático Brasileiro (MDB), fizeram sua estréia. Mas nem com muito boa vontade se poderia dizer que foram eleições livres e democráticas, cercadas que foram por ameaças e intimidações de toda a espécie. Não gratuitamente os votos nulos e brancos alcançariam proporções inéditas.

De sorte que, em seu ocaso, o governo aparentava um ar de fracasso. Associado à repressão e à recessão, tornara impopular, sobretudo nos grandes centros urbanos, um movimento que, no nascedouro, dispunha de substancial apoio, embora heterogêneo. Entretanto, é importante sublinhar que a maior parte das oposições ao governo era moderada, não assumindo programas radicais. O que se desejava era o restabelecimento da democracia, mas sem embates violentos ou o recurso à força, que, aliás, nos arraiais oposicionistas, era inexistente.

O programa internacionalista-liberal, apesar de sua coerência interna, não vencera os obstáculos. Fora mais fácil derrubar homens e cassar lideranças do que transformar estruturas ancoradas na tradição. É verdade que a obra feita não fora completamente vã. Todos os anéis tinham sido salvos, e bem postas certas bases econômico-financeiras e institucionais que serviriam aos governos seguintes. Contudo, mais de 20 anos ainda se passariam para que as plataformas defendidas por Castelo Branco, se reatualizassem, com chances de concretização. Nesse sentido, Castelo Branco foi um pioneiro, ou um precursor, um neoliberal *avant la lettre*.

No imediato, as atenções voltavam-se para o novo general-presidente, Costa e Silva, inclusive porque o homem vinha com promessas de reconciliação democrática e de desenvolvimento.

Repressão e desenvolvimento: a modernização conservadora

No discurso de posse, como Castelo Branco, e como os sucessores, Costa e Silva prometeu democracia, diálogo, ordem jurídica estável e reformas. E proclamou: "A meta de meu governo é o homem." Subjacente, uma crítica ao governo anterior, apenas preocupado com números e cifras. Tratava-se de apostar novamente no desenvolvimento, dando um basta à recessão que aprofundava a impopularidade do regime. A orientação, definida pelo novo ministro da Fazenda, Delfim Neto, passou a enfatizar a queda dos juros e das tarifas, a ampliação dos créditos, os incentivos aos investimentos e às exportações.

Em 1967, o país já registrou um razoável crescimento de 4,8%. No ano seguinte, quase o dobro: 9,3%, tendo o conjunto da atividade industrial alcançado o patamar de 15,5%, puxado pela construção civil, com 17% de crescimento. A decolagem era produto da combinação das medidas do governo com uma série de condições favoráveis, internas (ociosidade do parque industrial, demanda reprimida, saneamento financeiro executado pelo governo anterior) e externas (início de um *boom* espetacular no mercado internacional: entre 1967 e 1973, o comércio mundial cresceu a uma taxa de 18% ao ano).

Entretanto, a insatisfação acumulada — e represada — durante o governo anterior tenderia agora a desaguar em protestos e movimentos públicos.

Na própria frente que protagonizou o golpe os antagonismos se radicalizaram. A maior expressão do fenômeno foi a aliança entre Carlos Lacerda, João

Goulart e Juscelino Kubitcheck, a Frente Ampla, formada ao longo de 1967. Havia outras, como a oposição liberal de parte importante da grande imprensa (*Jornal do Brasil* e *Estado de São Paulo*) ou a passagem de setores minoritários, mas expressivos, da Igreja Católica para posições hostis ao poder, seja denunciando a política econômica, seja protegendo e abrigando correntes radicais de oposição, como as organizações estudantis universitárias postas na ilegalidade.

Na área intelectual, eram visíveis as manifestações críticas ao governo, embora também se fizessem presentes expressões, senão favoráveis, ao menos complacentes, com o sistema político em vigor ou com a ordem vigente. Assim, ao lado da música de protesto (Geraldo Vandré e Chico Buarque, entre outros), sempre lembrada, é preciso recordar outras propostas incompreensíveis a um gênero de oposição mais ortodoxa (Caetano Veloso e o tropicalismo). Além disso, havia todo um conjunto, de grande sucesso, de mídia e de público, como a Jovem Guarda, de Roberto e Erasmo Carlos, entre outros, para quem as lutas políticas passavam literalmente *à côté*. Não eram nem contra nem a favor delas, muito pelo contrário... e nem por isso recebiam menos atenção ou aplausos. Do mesmo modo, em relação ao cinema, há uma constante ênfase em certos filmes e autores, como *Os fuzis*, de Rui Guerra, ou *Deus e o Diabo na Terra do Sol*, de Glauber Rocha, uma cinematografia de *resistência*, *engajada*, como se dizia na época. Embora de alta qualidade, atraía reduzido público. Os campeões de bilheteria eram Roberto Farias com um filme sobre Roberto Carlos, melhor bilheteria de 1968, ou José Mojica Marins, cujos filmes de terror (por exemplo, *Esta noite encarnarei no teu cadáver*) transformavam-se em grandes sucessos. Ambigüidades que merecem ser consideradas na avaliação dos movimentos da opinião pública, sobretudo porque as grandes massas populares, sem recursos para ir às salas de cinema, embalavam-se nas novelas — que então iniciavam sua trajetória de sucesso —, nos shows de variedades e nos programas humorísticos das TVs — que só muito raramente, e de forma indireta, ingressavam na seara das lutas políticas.

De sorte que, a rigor, apesar da agitação crescente, o poder, apoiado agora nos índices de crescimento econômico reencontrados, parecia ter reservas apreciáveis para enfrentar o descontentamento existente na sociedade

Mas não foi o que ocorreu.

Já em 1967, primeiro ano do governo Costa e Silva, o diálogo prometido não funcionou face às pressões do único movimento social ativo — o estudantil. Sucederam-se as manifestações reivindicatórias, de modo geral acompanhadas por uma repressão desproporcional. Parecia, às vezes, haver uma espécie de emulação entre, de um lado, a grande imprensa liberal, que passara a fazer oposição ao governo, e a polícia, de outro, no sentido de exagerar a força do movimento estudantil, uns querendo enfraquecer o governo, outros, provar que eram indispensáveis.

Em 1968, o movimento estudantil tomou um outro vulto, sobretudo no primeiro semestre, culminando o processo na chamada Passeata dos Cem Mil, no Rio de Janeiro. Não apenas se unificaram as lutas dos estudantes universitários, em torno de suas entidades representativas e de reivindicações concretas, mas também toda uma série de categorias descontentes passou a se agrupar ao lado deles: escritores, religiosos, professores, músicos, cantores, cineastas, além de outros setores estudantis, como os secundaristas.

No conjunto, o movimento social dos estudantes tinha um marcado caráter sindical, no qual se retomavam aspectos do programa da reforma universitária, avançado no período anterior a 1964, e a questão das liberdades democráticas. Mas as manifestações públicas agora se inseriam no contexto do *ano quente* de 1968, quando irromperam todas as rebeldias, e os sistemas dominantes em todo o mundo pareceram vacilar. Por outro lado, organizações revolucionárias clandestinas, que controlavam quase todas as entidades representativas, apareciam nas manifestações com propósitos que ultrapassavam o escopo próprio do movimento, e gritavam palavras de ordem de enfrentamento, inclusive armado. A polícia política e mesmo alguns analistas, mais tarde, confundiram os dois processos, que precisam ser deslindados — o movimento social estudantil, em sua autonomia, de caráter basicamente sindical, e as organizações revolucionárias clandestinas, grupos de vanguarda, já decididos, em função de sua evolução interna, à luta armada com o sistema.

São essas organizações, da esquerda *revolucionária,* que, a partir de 1965 (com a tentativa frustrada do ten. cel. Jeferson Cardim de constituir uma coluna militar a partir do Sul do país) e de 1966 (com o início de um foco guerrilheiro na Serra de Caparaó, abortado pela polícia antes de entrar em atividade), e ainda com mais força nos dois anos seguintes, são essas organizações que se lançarão às ações armadas. Eram pequenas ações, e minúsculas as organizações envolvidas, mas, pelo ineditismo, e pelo simbolismo do desafio, provocavam uma imensa repercussão midiática e na sociedade. O fenômeno dava continuidade ao que havia de mais radical no movimento anterior a 1964 e se nutria de duas grandes referências já aqui indicadas: a da *utopia do impasse*, ou seja, a idéia de que o governo não tinha condições históricas de oferecer alternativas políticas ao país; e a de que as grandes massas populares, desiludidas com os programas reformistas, tenderiam a passar para expectativas e posições radicais de enfrentamento armado, revolucionário.

Contra tudo isso, o governo Costa e Silva jogou de forma pesada, como se mobilizasse canhões contra passarinhos, na comparação de Florestan Fernandes.

Já no segundo semestre do próprio ano de 1968, os estudantes davam claros sinais de que estavam recuando. Somente os setores mais radicais, alguns poucos milhares de jovens, mantinham o ânimo, frente à repressão desencadeada. No conjunto, a grande massa refluía. Estava disposta a reivindicar e a denunciar, mas não a ponto de arriscar-se em um vale tudo de vida ou morte. O canto de cisne ocorreu quando da dissolução, pela polícia, do XXX Congresso da UNE, em Ibiúna, interior de São Paulo, em outubro de 1968, tendo sido presas centenas de lideranças estudantis.

Nessa altura, as oposições liberais e moderadas já estavam sem rumo, privadas da Frente Ampla, proibida desde o mês de abril. Dispunham de um partido, o MDB, mas ele estava ainda profundamente desacreditado. Assim, tais oposições resumiam sua atividade a batalhas de retaguarda, sem conseguir abalar ou cindir as bases militares do regime.

Pois foi exatamente nesse momento que o governo intensificou a ofensiva. Tomando como pretexto a recusa do Congresso em autorizar o processo do deputado Márcio Moreira Alves, acusado de um discurso ultrajante às Forças Armadas, o general-presidente decretou o AI-5, em dezembro de 1968, fechando todos os parlamentos por tempo indeterminado, recobrando amplos poderes discricionários e reinstaurando, de modo inaudito, o terror da ditadura.

Foi um golpe dentro do golpe.

Os alvos visíveis, os movimentos de estudantes e intelectuais, já estavam derrotados, em debandada, e eram totalmente incapazes de subverter a ordem. Na verdade, o aprofundamento do estado de exceção visou muito mais os componentes insatisfeitos daquela grande e heterogênea frente que apoiara o golpe de 1964.

A situação criada favoreceu, aparentemente, as propostas radicais e ofensivas de luta. Chegara a hora das organizações da *esquerda revolucionária*? No estado de exceção construído pelo AI-5, com as margens de liberdade e de críticas reduzidas a quase zero, era como se estivessem realizando as condições da *utopia do impasse*. O advento do tudo ou nada. Ou, como se dizia entre os revolucionários, socialismo ou barbárie, sem nuanças ou meios-termos.

Assim, entre 1969 e 1972, desdobraram-se ações espetaculares de guerrilha urbana: expropriações de armas e fundos, ataques a quartéis, cercos e fugas, seqüestros de embaixadores. Os revolucionários chegaram a ter momentos fulgurantes, mas, isolados, foram cedo aniquilados. Na seqüência, entre 1972 e 1975, seria identificado, caçado e também destruído um foco guerrilheiro na região do Araguaia, na fronteira do Pará, Maranhão e Goiás, reunindo algumas dezenas de guerrilheiros, na tentativa mais consistente da esquerda revolucionária.

A sociedade assistiu medusada a todo esse processo, como se fosse uma platéia de um jogo de futebol. Ou espectadores de um filme, ou de uma novela de TV. Às vezes, muitos pareciam simpatizar com os revolucionários: foi o que aconteceu por ocasião do seqüestro do embaixador norte-americano no Rio de Janeiro, em setembro de 1969, quando a população divertiu-se com o embaraço dos poderosos frente à ousadia de um punhado de moças e de rapazes — bravos meninos — que obrigaram a ditadura a consentir concessões normalmente impensáveis: libertação de 15 prisioneiros políticos e leitura nos meios de comunicação de manifestos revolucionários. Mas, não raramente, outros tantos denunciavam esses mesmos revolucionários, apontando-os, e seus esconderijos, à polícia.

A rigor, para a grande maioria da população, aquela *guerra*, como a chamavam os revolucionários e a polícia política, era algo que não conseguiam compreender, quanto mais participar de forma direta. Ao contrário do que os revolucionários imaginavam, muito poucos compartilhavam de suas convicções e certezas. E elas eram indispensáveis para que se consentissem os riscos e os sacrifícios inerentes, naquele momento, ao desafio aberto da ditadura. Por outro lado, também não é certo que houvesse simpatias pelos métodos brutais empregados pela polícia política, embora a sociedade brasileira já tivesse então aprendido — e até hoje isso continua — a conviver serenamente com a tortura — mas desde que empregada contra os chamados *marginais*. Desde que esse jogo sujo se passasse fora das vistas e longe dos ouvidos, nas celas imundas de fedor e de sangue, porém fechadas e bem guarnecidas por isopor à prova de som, sempre seria possível sustentar que os *excessos* eram ignorados e a sociedade, inocente.

De modo que aquela luta desigual acabou em massacre. Encurralados por uma polícia política crescentemente sofisticada e profissional, os grupos e organizações revolucionárias, quase sempre inexperientes e amadores, dispondo apenas da vontade e da ousadia, foram escorraçados da história. A rigor, longe de constituírem forças radicalmente inovadoras, como desejavam ser, não passaram de um último suspiro das propostas ofensivas construídas no âmbito dos grandes movimentos sociais anteriores a 1964. Autoritários e soberbos, generosos e audaciosos, no limite da arrogância, equivocaram-se de sociedade e de tempo histórico — e pagaram com a existência, física e política, pelos erros cometidos.

À sombra desta derrota, e sob as asas de terror do AI-5, construiu-se um país próspero e dinâmico.

Em um contexto internacional extraordinariamente favorável (expansão acelerada do comércio internacional e disponibilidade de capitais para investimento e financiamento), que não se repetiria nas décadas seguintes, e apoiado por um conjunto de medidas e incentivos estatais, o capitalismo brasileiro, continuando e aprofundando a linha ascendente inaugurada em 1967, deu um gigantesco salto para a frente.

Milagre e retorno do nacional-estatismo

A sinfonia dos índices anuais de crescimento do Produto Nacional Bruto (PNB) era doce música para todos os que se beneficiavam: 9,5% (1970), 11,3% (1971), 10,4% (1972), 11,4% (1973). Na ponta, a indústria, registrando taxas de 14% anuais, com destaque para as duas *locomotivas* do processo: a indústria automobilística, com taxas anuais de 25,5%, e a de eletroeletrônicos, 28%. Mesmo os setores menos dinâmicos, como o de bens de consumo popular, apresentavam índices inusitados: 9,1%, em média, para o período. As exportações registraram aumentos de 32% ao ano, o que ensejou um ritmo equivalente de crescimento das importações.

Mais do que aumentos quantitativos, promoviam-se mudanças qualitativas. Na indústria, as dimensões da petroquímica; na infra-estrutura, o fantástico desenvolvimento das telecomunicações, integrando o país de uma forma nova, sem falar nas rodovias e no complexo hidrelétrico; nas finanças, a constituição de uma banca de nível internacional; na agricultura, o desenvolvimento de novas culturas, como a da soja; no comércio internacional, para além do já referido crescimento, a introdução de uma proporção crescente de manufaturados na pauta de exportações.

Rompendo com os propósitos internacionalistas-liberais do governo Castelo Branco, o Estado, além de incentivar, regular, financiar e proteger, intervinha ativamente nos mais variados setores, seja através de tradicionais — e gigantescas — empresas estatais, como Petrobrás, Vale do Rio Doce e Companhia Siderúrgica Nacional, seja através de outras, a que deu alento — como a Eletrobrás, ou ainda a Siderbrás, imensa *holding* da produção de aço —, além de estimular fusões e associações do capital privado nacional e estrangeiro às quais, com freqüência, comparecia o próprio Estado.

Com base no Estado e nos capitais privados nacionais e estrangeiros, formou-se uma aliança de interesses e de recursos que exacerbaria os traços esboçados pelo governo de JK, na segunda metade dos anos 50. Nessas combinações, o Estado aparecia, em todos os setores, como que hipertrofiado — no crédito, nas finanças, nos investimentos, na infra-estrutura, nas exportações.

O país, comparado a um imenso canteiro de obras, foi tomado por incontida euforia desenvolvimentista. Martelavam-se os *slogans* otimistas, animando, encorajando, em mensagens positivas e ufanistas: *Pra frente, Brasil*; *Ninguém mais segura este país*; *Brasil, terra de oportunidades*; *Brasil, potência emergente*. Para os que discordavam, a porta de saída: *Brasil, ame-o ou deixe-o*. A conquista do tricampeonato mundial, no México, em 1970, foi uma bênção para esses propósitos de exaltação patriótica, inclusive porque foi a primeira vez que um campeonato mundial de futebol foi transmitido ao vivo para todo o país. O *caneco,* a taça Jules Rimet, definitivamente conquistada, agora era *nosso*, e o futuro também.

Nesse jardim de rosas, porém, nem tudo eram flores. Como disse o poeta, havia espinhos também.

A doença e o posterior afastamento do general Costa e Silva, em julho-agosto de 1969 — complicada com a entronização de uma junta militar, em virtude do impedimento do vice-presidente, Pedro Aleixo, legalmente eleito — evidenciou o caráter ditadorial do regime. Os métodos através dos quais o novo general-presidente foi escolhido — por uma inédita votação entre os oficiais-generais — também não convenceram. Não adiantou muito reconvocar o congresso, fechado desde dezembro de 1968, para *eleger* o general Garrastazu Médici, pois ninguém tinha dúvidas de que sua verdadeira unção tinha sido feita pelo alto comando das Forças Armadas. Ele já estava escolhido, antes de ser eleito. O prejuízo que isso causava à imagem internacional do país era agravado pelas denúncias, cada vez mais numerosas e consistentes, do emprego da tortura como política de Estado. Os desmentidos do governo não bastavam frente às evidências das denúncias, trombeteadas pelos pequenos grupos de exilados no exterior — os mosquitos ferroando o elefante. Nesse particular, David estava vencendo Golias.

Em um outro plano, os êxitos econômicos não conseguiam disfarçar as desigualdades sociais que começaram, no início ainda dos anos 70, a serem denunciadas por insuspeitos organismos internacionais. Como disse o próprio general-presidente Médici, em um ato falho, ou em um acesso de sinceridade, embora a economia estivesse bem, o povo, ou pelo menos grande parte dele, ia mal.

A propaganda oficial anunciava periodicamente programas ou pacotes sociais, mas havia qualquer coisa ali que não funcionava. Os pacotes simplesmente não engrenavam, ou não se deixavam abrir. O Programa de Integração Nacional (PIN), com base na construção de mais uma gigantesca estrada, a Transamazônica, e na instalação de centenas de milhares de camponeses sem-terra nordestinos em agrovilas, acabou transformado em mais um plano de atração de grandes empresas para investimentos agropecuários. Em 1974, quando o programa foi definitivamente cancelado, em vez da promessa inicial de um milhão de famílias, havia apenas cerca de 6 mil instaladas. O ambicioso projeto de erradicar o analfabetismo, o Mobral, cuja meta era alfabetizar 8 milhões de adultos entre 1971 e 1974, acabou também sendo melancolicamente abandonado, muitos anos mais tarde. Os alfabetizados do Mobral não sabiam ler, sequer assinar o nome. O mesmo destino tiveram o Plano Nacional de Saúde, o PIS-PASEP, o Projeto Rondon e outros mais, como a tentativa de estruturar um sistema nacional de instrução moral e cívica que orientasse aquelas gentes nos bons caminhos da moral e dos bons costumes. Na terra de Macunaíma, era uma incongruência.

De sorte que, no que dizia respeito à dimensão social, o esquema começou a se tornar repetitivo: anúncios bombásticos, grandiosos planos e concretização mofina, ou nula. A montanha, apesar de estremecer furiosamente, só paria ratos, sucessivos ratos, cada um menor do que o outro.

Nas eleições legislativas de 1970, houve o troco: novamente, uma enorme proporção de votos nulos e brancos, cerca de 30%, ainda em maior número do que em 1966. Entretanto, o regime confortava-se em suas maiorias, ganhas sobretudo no Brasil *profundo* e nos grotões dos interiores e das cidades menores.

Mas seria um erro, não raramente cultivado, o de estabelecer polaridades entre um Brasil arcaico, favorável à ditadura, e um Brasil moderno, partidário do progresso e da democracia. Inclusive porque a ditadura, e suas agências, e seus produtos, transformaram-se em um dos mais poderosos fatores de modernização.

A verdade é que o *milagre*, embora gerando desigualdades de todo o tipo, sociais e regionais, fora capaz de beneficiar, de modo substantivo, muitos setores modernos. Consideráveis estratos das classes médias, por exemplo, com acesso ao crédito farto e fácil, puderam adquirir, em massa, a casa própria e o primeiro automóvel. Os funcionários públicos, principalmente os das estatais, viveram também um período bastante favorável, apoiados em toda uma série de planos assistenciais, como se para eles não tivessem desaparecido as tradições e as benesses típicas da tradição nacional-estatista. Do mesmo modo, importantes setores de trabalhadores autônomos e operários qualificados, sobretudo os empregados em grandes empresas de capital internacional, beneficiavam-se de condições particulares, de modo nenhum extensivas a toda a sociedade. Aquela impressionante massa de produtos, basicamente consumidos no mercado interno, estava melhorando, certamente, as condições de vida de seus compradores.

Havia, é claro, enormes sombras na paisagem, que os holofotes da publicidade não conseguiam esconder. Os pequenos posseiros e proprietários de terra, que perderam sua pouca terra no processo terrível da concentração fundiária e viraram desterrados em seu próprio país — os bóias-frias. Os trabalhadores sem qualificação adaptada à sede de lucro dos capitais, que ficavam à margem, desabrigados e desprotegidos no ambiente cada vez mais esgarçado de um tecido social cujas redes de proteção (saúde e educação públicas) se deterioravam cada vez mais. Constituíam vastos contingentes, perdidos, sem eira nem beira, chamados equivocadamente de excluídos, porque eram legítimo produto do sistema e, como tal, estavam nele incluidíssimos, embora cada vez mais aparecessem como descartáveis.

E para além dos ganhos materiais que de forma nenhuma podem ser negligenciados, mas que freqüentemente não são decisivos, havia um processo não mensuravel em réguas ou em números, o da integração do país pelas redes de TV, principalmente pela Rede Globo. Aí estava o lazer fundamental da população. O mundo das novelas, principalmente. E o das variedades, e o do telejornalismo. Aquela teia conseguiu estabelecer uma notável interlocução com a sociedade, confortando, integrando, embalando, anestesiando, estimulando, modernizando.

Os anos 70, considerados e aperreados como *anos de chumbo*, tendem a ficar pesados como o metal da metáfora, carregando para as profundas do esquecimento a memória nacional. Eles precisam ser revisitados, pois foram também anos de ouro, descortinando horizontes, abrindo fronteiras, geográficas e econômicas, movendo as pessoas em todas as direções dos pontos cardeais, para cima e para baixo nas escalas sociais, anos obscuros para quem descia, mas cintilantes para os que ascendiam. Naquelas areias movediças havia os que afundavam, mas também os que emergiam, surgidos de todos os lados, desenraizados, em busca de referências, querendo aderir. Anos prenhes de fantasias esfuziantes, transmitidas pelas TVs em cores, alucinados anos 70, com tigres e tigresas de toda sorte dançando ao som de frenéticos *dancing' days*.

Neste país formou-se uma pirâmide social cheia de distorções, em que a concentração de renda e de poder chamava a atenção do observador mais desatento. Mas a análise detida dos dados já então mostrava a constituição de uma estrutura complexa, de forma nenhuma redutível à polaridade extremada de um topo milionário e uma base miserável. É certo que o topo, já enriquecido, enriqueceu-se ainda mais. E a base miserável, mais miserável se tornou. Mas, entre esses extremos, havia camadas de amortecimento, e a existência delas conferiu saúde, estabilidade e vigor àquele corpo, cuja cabeça estava — e ainda está — nas ricas avenidas de Miami, enquanto os pés chafurdam nas mais miseráveis favelas.

As contradições do Milagre

O último governo da ditadura, o do general Geisel, iniciado em 1974, teve que se haver com uma conjuntura externa distinta — e desfavorável. Em 1971, os EUA já tinham virado a mesa do pacto de Bretton Woods, subvertendo o sistema monetário internacional. Em 1973, houve o primeiro choque do petróleo, multiplicando o preço do barril por dez. Mais tarde, viria um segundo, com conseqüências difíceis para o Brasil, ainda muito dependente das importações petrolíferas. Um desastre. Por outro lado, o mercado internacional entrou em fase de grande turbulência — e de declínio. Os principais países capitalistas se retraíram, envolvidos em processos de recessão, protegendo-se uns dos outros, exatamente o oposto do que ocorrera entre 1967 e 1973.

A ditadura brasileira, contudo, preferiu uma política de *fuga para frente*. Lançou o II Plano Nacional de Desenvolvimento (PND), com metas ambiciosas: perfazer uma autonomia semiconstruída no processo do *milagre*. O país era figurado como uma ilha de prosperidade e de paz em um mundo de crise e de convulsões. Havia que caminhar para frente. Completar o ciclo iniciado nos anos 30, conquistar a autonomia, com o Estado, e as empresas estatais, como fatores propulsores de um desenvolvimento que haveria de se dar segundo os *interesses nacionais*.

Em relação ao mundo intelectual e artístico, o governo definiu uma ambiciosa política de estímulo aos cursos de pós-graduação, visando o desenvolvimento autônomo científico-tecnológico. Além disso, ativou, em vários níveis, agências estatais de incentivo e apoio (Embrafilme, Funarte, Serviço Nacional de Teatro/SNT). Juntamente com a Rede Globo, foi possível estabelecer conexões que atraíram inúmeros intelectuais em padrões semelhantes aos do Estado Novo. Para alguns, o Brasil já era uma potência emergente. Para outros, mais otimistas, uma grande potência, o oitavo produto nacional bruto no mundo, dizia-se com orgulho nos círculos do poder, na mídia e nos botequins.

Os mais pessimistas diziam que aquilo não poderia durar, mas, enquanto durou, assistiu-se ao exacerbamento da adesão da ditadura a aspectos essenciais do programa nacional-estatista. O general Geisel, embora formalmente filiado ao chamado *grupo castelista*, dele não parecia ter herdado nenhum vestígio do que fora a perspectiva internacionalista-liberal, pelo menos no âmbito da política econômica.

Na política externa ouviam-se também acordes autonomistas. Reconhecimento imediato da independência de Angola, apesar das inclinações esquerdistas do partido governante, o Movimento Popular de Libertação de Angola/MPLA; abertura de relações comerciais com a China; aproximação agressiva com a Comunidade Européia, com as visitas de Geisel à Inglaterra e à França, resultando no acordo nuclear com a Alemanha e desagradando profundamente o grande irmão e parceiro do Norte; denúncia do acordo militar com os EUA, firmado em 1952, que já não tinha tanta importância prática, mas nem por isso a ruptura seria menos simbólica, inclusive pela maneira brusca como a decisão foi tomada, como se houvesse a vontade de enviar um recado e explicitar uma vontade política própria. Pragmatismo responsável, alinhamento não-automático, fosse como fosse chamada, a política externa fazia recordar os velhos tempos de Vargas, Jânio e Jango.

No plano político-institucional, o governo Geisel definiu a abertura *lenta, segura e gradual*, o que equivalia a uma retirada, a operação militar mais delicada, como se sabe. Qualquer descuido, e a retirada vira debandada. Era necessário o maior cuidado para que as coisas se passassem em ordem e paz. Para isso Geisel contava com a grande maioria da impropriamente chamada *classe política*, com os moderados de todos os bordos e com a ampla maioria da sociedade, (sobretudo dos grandes centros urbanos), hostil à ditadura, mas também adversária de políticas radicais de enfrentamento, como ficara demonstrado pela atitude de *neutralidade passiva*, assumida em relação às ações e lideranças identificadas com a luta armada.

Mas foi necessário enfrentar resistências.

De um lado, os chamados *bolsões sinceros, mas radicais*. A tropa de choque da ditadura. A chamada comunidade das informações. Em outras palavras, a polícia política. Ali se reuniam animais de vários tipos. Havia os oficiais treinados nos sofisticados serviços de inteligência e contra-informação, acostumados a ler e a analisar textos políticos e organogramas de organizações clandestinas, e a dar instruções que viabilizassem a tortura como método de coleta de informações. Esses homens trabalhavam em salas climatizadas e não se misturavam ao trabalho sujo e degradante da tortura, embora o sucesso dessa deles dependesse. Eram homens *normais*, naquele sentido em que Hannah Arendt falou da *banalidade* e da *normalidade* do Mal. E havia também facínoras de todo o tipo, sem falar nos bate-paus obtusos, e nos que se haviam corrompido nos submundos do crime e da contravenção, protegidos pela impunidade dos chamados *homens do sistema*. Essa gente, desde o início, nunca viu com bons olhos a política de abertura. E se preparou para combatê-la.

No outro extremo, os remanescentes das esquerdas revolucionárias. Estavam dispersos, nas cadeias, nos exílios sem fim, ou meio perdidos no país, nas margens, mas incomodavam, com campanhas permanentes de denúncias da ditadura, de seu modelo econômico e, sobretudo, da tortura como política de Estado, o que horrorizava a opinião internacional. Essas esquerdas, em grande maioria, já haviam abandonado a perspectiva do enfrentamento armado, ou por terem mudado de convicções, ou por reconhecerem a esmagadora superioridade do inimigo. Mantinham alguma influência na mídia, nos meios acadêmicos, na intelectualidade em geral, e, um pouco mais tarde, se organizariam nos comitês de anistia, exigindo contas da ditadura, o desmantelamento dos aparelhos repressivos e uma anista ampla, geral e irrestrita. Nesse campo, embora faltassem forças, ainda sobravam energia e ousadia.

Finalmente, entre esses pólos opostos, havia espaço para os amplos setores das oposições moderadas. Haviam praticamente desaparecido à sombra da exceção instaurada pelo AI-5 e no meio do tiroteio entre a polícia política e as esquerdas revolucionárias. Entretanto, depois da destruição dessas últimas, recobraram vigor. Nas eleições de 1974, já sob o governo Geisel, agrupadas em torno do MDB, registrariam uma grande vitória eleitoral e política, arrasando o partido oficial, a ARENA, nos principais centros urbanos do país. Passaram então a ter voz no capítulo, e suas concepções sobre a abertura, seu sentido e ritmos, não seriam as mesmas das do governo militar.

Com todas essas vozes dissonantes teve que se haver o projeto de abertura de Geisel. E o faria à moda da ditadura, aos cachações. Deu força à polícia política na destruição dos últimos focos clandestinos, constituídos pelo PCB e pelo PCdoB, cujas direções foram impiedosamente torturadas, massacradas ou *desaparecidas*. Finalmente, veio a hora do basta, já em 1976, quando da demissão do general Ednardo D'Ávila, comandante do II Exército, em cujas dependências seriam assassinados o jornalista Vladimir Herzog e o operário Manoel Fiel Filho.

Foi um marco. A polícia política já não estava autorizada a matar. Na seqüência, veio a demissão do ministro do Exército, Sylvio Frota, que se aprestava a fazer com Geisel o que Costa e Silva fizera com Castelo. Outro marco: a abertura era para valer.

Mas nos termos do general Geisel e de sua equipe. Assim, para conter a avalanche emedebista, o governo dispôs de engenho, truculência e arte: fez aprovar a chamada Lei Falcão, que, na prática, acabava com a propaganda eleitoral gratuita pela TV, poderoso instrumento das oposições para divulgar idéias e candidatos. Depois, através do *pacote de abril*, em 1977, cassou mandatos de líderes moderados, instituiu a abominável figura do senador biônico (1/3 dos senadores da república seriam eleitos de forma indireta), redimensionou os coeficientes eleitorais, favorecendo os estados em que a ARENA, o partido do governo, conservava maioria, e garantiu condições para uma sucessão tranqüila, na figura do general João Baptista Figueiredo, escalado, com mandato ampliado, para ser o último general-presidente.

Todos esses dispositivos estabilizaram o poder e permitiram a liberalização gradativa dos controles sobre a mídia, com a suspensão da censura aos jornais a partir de 1978. E foi possível também amortecer, e mesmo neutralizar, a vitória prevista do MDB nas grandes cidades nas eleições desse último ano.

Nessa nova atmosfera, desenvolveram-se as primeiras manifestações públicas desde 1968. O movimento estudantil e a luta pela anistia ocuparam espaços a partir de 1977, agitando reivindicações democráticas. Em 1978 entraria em cena, inesperadamente, o movimento operário, com a greve de São Bernardo. Nada ainda estava muito claro, como às vezes se imagina hoje, de forma retrospectiva, ao se dizer que a abertura caminhava inevitavelmente para o fim da ditadura. Ao contrário: havia muitas dúvidas no ar, e também muita repressão, não se devendo esquecer que os temíveis aparelhos da polícia política ainda estavam intactos, à espreita.

O AI-5, por decisão da própria ditadura, expirou no último dia de 1978. Assim, com o ano novo, em 1979 o país reingressou no Estado de direito — ainda precário porque apoiado em uma Constituição imposta, a de 1967, em uma emenda constitucional espúria, arrancada, sob ameaça, em 1969, e em toda uma constelação de leis e decretos que formavam, como se chamou desde então, um verdadeiro *entulho autoritário*. Mas a ditadura aberta já não existia mais. O país e a sociedade respiravam.

A anistia e a reconstrução da memória

A Lei da Anistia, aprovada em agosto de 1979, consolidou esse quadro. No debate que se instaurou a seu propósito, quando a sociedade brasileira teve uma primeira oportunidade de exercitar a memória sobre o passado recente, afirmaram-se algumas interessantes *(re)construções históricas*, verdadeiros *deslocamentos de sentido* que se fixaram na memória nacional como verdades irrefutáveis, correspondentes a processos históricos *objetivos*, e não a versões consideradas apropriadas por seus autores.

Um primeiro *deslocamento de sentido*, promovido pelos partidários da Anistia, apresentou as esquerdas revolucionárias como parte integrante da *resistência democrática*, uma espécie de braço armado dessa resistência. Apagou-se, assim, a perspectiva ofensiva, revolucionária, que havia moldado aquelas esquerdas. E o fato de que elas não eram de modo nenhum apaixonadas pela democracia, francamente desprezada em seus textos.

Os partidários da ditadura responderam à altura, retomando o discurso da polícia política e reconstruindo as ações armadas praticadas como uma autêntica *guerra revolucionária*, na qual as próprias esquerdas revolucionárias, em certo momento, acreditaram. Com base nessa tese ("se houve uma *guerra*, os dois lados devem ser considerados"), foi possível introduzir na Lei da Anistia dispositivos que garantiram a estranha figura da *anistia recíproca*, em que os torturadores foram anistiados com os torturados.

Finalmente, teria lugar uma terceira reconstrução: a sociedade se reconfigurou como tendo se oposto, sempre, e maciçamente, à ditadura, transformada em *corpo estranho*. Redesenhou-se o quadro das relações da sociedade com a ditadura, que apareceu como permanentemente hostilizada por aquela. Apagou-se da memória o amplo movimento de massas que, através das Marchas da Família com Deus e pela Liberdade, legitimou socialmente a instauração da ditadura. Desapareceram as pontes e as cumplicidades tecidas entre a sociedade e a ditadura ao longo dos anos 70, e que, no limite, constituíram os fundamentos do próprio processo da abertura lenta, segura e gradual. Um político imaginativo empregou então uma curiosa metáfora: o povo brasileiro, macunaimicamente, comera lentamente a ditadura, mastigando-a devagarzinho, a digerira e se preparava agora para expeli-la pelos canais próprios. Um verdadeiro achado. A sociedade brasileira não só resistira à ditadura, mas a vencera. Difícil imaginar poção melhor para revigorar a auto-estima.

E assim, mesmo que muito pouca gente o soubesse, reatualizou-se no Brasil contemporâneo a figura de Ernest Renan, o grande pensador francês de fins do século XIX que dizia, com agudo senso prático e sem nenhum cinismo, que, freqüentemente, para a boa coesão e harmonia sociais, mais vale construir o esquecimento do que exercitar a memória.

À maneira de pósfacio: reflexões sobre a ditadura

As sociedades têm sempre dificuldades em exercitar a memória sobre as *suas* ditaduras, sobretudo a partir do momento em que assumem códigos de valores opostos aos princípios do estado de exceção.

Não se trata de algo específico de nosso país. Os franceses têm, até hoje, dificuldades em se relacionar com a França de Vichy. E o mesmo ocorre com os alemães, quando pensam em Hitler, ou com os russos, quando recordam Stalin.

Até que ponto o exercício da memória não passa de autoflagelação? Não seria melhor e mais saudável cultivar a paz das consciências? E olhar para frente, deixando o passado sossegado, e as feridas, cicatrizando?

Entretanto, há alguns nós que precisam ser desatados, ou, ao menos, compreendidos. E isso não diz respeito apenas ao passado, mas ao presente e, sobretudo, ao futuro.

A ditadura reatualizou e exacerbou no Brasil a cultura autoritária. Não bastou uma roupa nova — a Constituição de 1988 — para resolver esse desafio. Que o digam os pataxós queimados, os presos de Carandiru e toda a legião de cidadãos de segunda, terceira e quantas classes mais houver abaixo da primeira, vagando nas margens do sistema. Entretanto, foi em plena exceção, no mais fundo dos exílios, que as esquerdas descobriram os valores democráticos. Veremos se não os esquecerão, ou não terão deles uma abordagem meramente formalista, perdendo a perspectiva da mudança para se tornarem administradoras da ordem.

A ditadura reatualizou e exacerbou as tradições e a cultura nacional-estatista. É curioso ver como as esquerdas brasileiras ainda fazem acrobacias para rejeitar aquela sem negar essa. E como os liberais freqüentemente empregam métodos daquela para destruir essa.

A ditadura, finalmente, instaurou-se sob o signo do Medo. Medo de que as desigualdades fossem questionadas por um processo de redistribuição de renda e de poder. Ora, através dos anos, mantiveram-se e se consolidaram essas desigualdades. Não terá sido essa a maior obra da ditadura? Entretanto, o questionamento dessa obra continua provocando Medo. E o pavor do caos.

O caos ou o retorno a formas autoritárias. Uma reflexão mais acurada e sistemática sobre os tempos da ditadura talvez seja um antídoto para escapar desse maldito dilema. Pronto a ressuscitar tão logo apareçam novas ameaças à ordem.

Cronologia

1961

25 ago Renúncia de Jânio Quadros

7 set Posse de João Goulart nos termos do regime parlamentarista, aprovado pelo Congresso em 2 set. (primeiro-ministro: Tancredo Neves).

1963

6 jan Plebiscito consagra volta ao regime presidencialista.

1964

13 mar Grande comício no Rio de Janeiro pelas reformas de base, com a presença de João Goulart e das principais lideranças e organizações das esquerdas brasileiras

19 mar Marcha da Família com Deus pela Liberdade em São Paulo

31 mar Começa o movimento militar contra o presidente João Goulart, sob iniciativa do general Olímpio Mourão

9 abr O auto-intitulado Comando Supremo da Revolução (junta dos três ministros militares) edita um Ato Institucional, instaurando o estado de exceção

13 ago Publicação do Plano de Ação Econômica do Governo/PAEG.

1965

27 out Ato Institucional n.2. Extinção dos partidos políticos.

1967

24 jan Promulgada, pelo Congresso Nacional, nova Constituição para o país, estabelecendo eleições indiretas para presidente da República

27 jun Programa Estratégico de Desenvolvimento (PED) anunciado pelo ministro do Planejamento, Hélio Beltrão.

1968 Começa a se configurar o "milagre" econômico brasileiro (até 1973)

26 jun Manifestação dos Cem Mil, no Rio de Janeiro

16 jul Greve operária em Osasco, São Paulo

12 out Dissolução do Congresso da UNE, em Ibiúna, São Paulo. Prisão de centenas de líderes estudantis

13 dez Ato Institucional n.5. Dissolução do Congresso Nacional por tempo indeterminado.

1969

4 set Seqüestro do embaixador norte-americano Charles Elbrick, no Rio de Janeiro. O comando responsável pela ação reivindica a libertação de 15 presos políticos em troca da vida do embaixador. Os presos irão para o México

22 out Reaberto o Congresso Nacional para sagrar o general Emílio Garrastazu Médici como novo presiden-

te da República (vice-presidente: Almirante Augusto Rademaker)

4 nov Morte de Carlos Marighella.

1970

15 out Eleições legislativas em todo o país. Altos índices de abstenção e votos nulos.

1971

17 set Morto no interior da Bahia o capitão Carlos Lamarca.

1972 Foco do Araguaia — descoberta, resistência e cerco. O aniquilamento se daria em 1975.

1974

15 mar Assume a presidência da República o general Ernesto Geisel (vice-presidente: general Adalberto Pereira dos Santos). Política de abertura

10 set O general Ernesto Geisel envia ao Congresso Nacional o II Plano Nacional de Desenvolvimento (PND)

15 nov Eleições legislativas em todo o país. Vitória do Movimento Democrático Brasileiro (MDB) nas grandes cidades.

1977

1º abr O general Geisel decreta o recesso do Congresso Nacional e edita uma série de medidas, inclusive uma reforma do Judiciário (o Pacote de Abril)

15 jun Aprovada pelo Congresso Nacional emenda constitucional que institui o divórcio no país.

1978

12 mai Greve operária em São Bernardo, iniciada por 1.600 operários da Saab-Scania.

1979

1º jan Deixa de vigorar o Ato Institucional n.5

28 ago Sancionada a Lei de Anistia

1980

dez/jan/fev Verão da Anistia.

Sugestões de leitura

Selecionamos as seguintes indicações segundo três registros: os trabalhos que se referem à sociedade, e/ou às articulações políticas, e/ou à arte, e/ou aos diversos movimentos sociais ou de opinião. Em um segundo registro, aparecem trabalhos mais específicos, relativos aos militares e/ou à repressão política. Finalmente, os que dizem respeito às esquerdas: memórias ou textos acadêmicos.

Estão aí representados historiadores, jornalistas, sociólogos, políticos, militantes de esquerda, militares. Todos, cada um a seu modo, tentaram contribuir para a compreensão desse período e deste país, que seguem propondo enigmas ainda não plenamente decifrados, dificilmente decifráveis.

Sociedade e ditadura

AARÃO REIS, DANIEL. *A revolução faltou ao encontro*. São Paulo, Brasiliense, 1991.

AARÃO REIS, DANIEL E PEDRO DE MORAIS. *1968, a paixão da utopia*. Rio de Janeiro, Ed. da FGV, 1998 (reedição).

ALVES, MARIA HELENA MOREIRA. *Estado e oposição no Brasil, 1964-1984*. Petrópolis, Vozes, 1987.

CALLADO, CARLOS. *Tropicália, uma revolução musical.* São Paulo, Editora 34, 1997.

CASTELO BRANCO, CARLOS. *Introdução à revolução de 1964.* Rio de Janeiro, Artenova, 1975.

______. *Os militares no poder.* 2 vols. Rio de Janeiro, Nova Fronteira, 1978.

CAVA, RENÉ DELLA (org.). *A Igreja em flagrante: catolicismo e sociedade na imprensa brasileira, 1964-1980.* Rio de Janeiro, Marco Zero, 1985.

COUTO, RONALDO COSTA. *História indiscreta da ditadura e da abertura: Brasil, 1964-1985.* Rio de Janeiro, Record, 1998.

______. *Memória viva do regime militar: Brasil, 1964-1985.* Rio de Janeiro, Record, 1999.

DINES, ALBERTO ET AL. *Os idos de março e a queda de abril.* Rio de Janeiro, J. Álvaro, 1964.

DREIFUSS, RENÉ. *1964: a conquista do Estado.* Petrópolis, Vozes, 1981.

DUARTE, PAULO SÉRGIO. *Anos 60: transformações da Arte no Brasil.* Rio de Janeiro, Campos Gerais, 1998.

GOMES, ÂNGELA MARIA CASTRO. *A invenção do trabalhismo.* Rio de Janeiro, Relume-Dumará, 1994.

HOLLANDA, HELOÍSA BUARQUE DE E M.A. GONÇALVES. *Cultura e participação nos anos 60.* São Paulo, Brasiliense, 1982.

LABAKI, ALMIR. *1961: a crise da renúncia e a solução parlamentarista.* São Paulo, Brasiliense, 1986.

LACERDA, CARLOS. *Depoimento.* Rio de Janeiro, Nova Fronteira, 1977.

MACIEL, LUÍS CARLOS. *Anos 60.* Porto Alegre, L&PM, 1987.

MARTINS, L. *A geração AI-5.* Rio de Janeiro, Paz e Terra, 1979.

MARTINS FILHO, JOÃO ROBERTO. *Movimento estudantil e ditadura militar.* Campinas, Papirus, 1987.

______. *A rebelião estudantil.* Campinas, Mercado das Letras, 1996.

PEDROSA, MÁRIO. *Dos murais de Portinari aos espaços de Brasília.* São Paulo, Perspectiva, 1981.

VENTURA, ZUENIR. *1968: o ano que não terminou.* Rio de Janeiro, Nova Fronteira, 1988.

Militares e repressão

BAFFA, A. *Nos porões do SNI.* Rio de Janeiro, Objetiva, 1989.

CHAGAS, CARLOS. *113 dias de angústia: impedimento e morte de um presidente.* Rio de Janeiro, Imago, 1970.

D'ARAUJO, MARIA CELINA ET AL. *Os anos de chumbo: a memória militar sobre a repressão.* Rio de Janeiro, Relume-Dumará, 1994.

D'ARAUJO, MARIA CELINA E CELSO CASTRO (orgs.) *Ernesto Geisel.* Rio de Janeiro, Ed. da FGV, 1997.

FON, ANTÔNIO CARLOS. *Tortura: a história da repressão política no Brasil.* São Paulo, Global, 1979.

IPM n.709. *O comunismo no Brasil*. Rio de Janeiro, Bibliex, 1966-67.

PORTELLA, JAYME DE M. *A revolução e o governo Costa e Silva*. Rio de Janeiro, Guaíra, 1979.

Esquerdas

ARQUIDIOCESE DE SÃO PAULO. *Brasil, nunca mais*. Petrópolis, Vozes, 1985.

CALDAS, ÁLVARO. *Tirando o capuz*. Rio de janeiro, Codecri, 1981.

CRUZ, DENISE ROLLEMBERG. *Exílio: entre raízes e radares*. Rio de Janeiro, Record, 1999.

DIRCEU, JOSÉ E VLADIMIR PALMEIRA. *Abaixo a ditadura: o movimento de 1968 contado por seus líderes*. Rio de Janeiro, Garamond, 1998.

EMILIANO, JOSÉ E OLDACK MIRANDA. *Lamarca, o capitão da guerrilha*. São Paulo, Global, 1980.

GABEIRA, FERNANDO. *O que é isso, companheiro?* Rio de Janeiro, Codecri, 1979.

GORENDER, JACOB. *Combate nas trevas*. São Paulo, Ática, 1987.

GUARANY, REINALDO. *A fuga*. São Paulo, Brasiliense, 1984.

MARIGHELLA, CARLOS. *Escritos*. São Paulo, Livramento, 1979.

POLARI, ALEX. *Em busca do tesouro*. Rio de Janeiro, Codecri, 1982.

PORTELA, FERNANDO. *Guerra de guerrilhas no Brasil.* São Paulo, Global, 1979.

REBELLO, G. *A guerrilha de Caparaó.* São Paulo, Alfa-Ômega, 1980.

RIDENTI, MARCELO. *O fantasma da revolução brasileira.* São Paulo, Unesp, 1993.

SEGATO, JOSÉ ANTÔNIO ET AL. *PCB: memória fotográfica, 1922/1982.* São Paulo, Brasiliense, 1982.

SIRKIS, ALFREDO. *Os carbonários.* São Paulo, Global, 1980.

TAPAJÓS, RENATO. *Em câmara lenta.* São Paulo, Alfa-Ômega, 1977.

VINHAS, MOISÉS. *O partidão.* São Paulo, Hucitec, 1982.

Sobre o autor

Daniel Aarão Reis Filho nasceu no Rio de Janeiro em 1946. Nos anos 60 esteve entre os que amavam a revolução, e foi por isso perseguido e preso pela ditadura militar. Mas seus companheiros o salvaram em boa hora e, graças a eles, pôde voar para a liberdade, em junho de 1970. Impedido de fazer história, resolveu estudá-la, mas só muito mais tarde aprenderia que ela não tem lições a dar. Mesmo assim, graduou-se na disciplina e também nela fez seu mestrado, na Universidade de Paris VII (1975).

Descrente das conspirações em Paris, partiu para Moçambique, onde foi professor de história contemporânea e chefe do Departamento de História na Universidade Eduardo Mondlane (1976-1979). Desde então especializou-se em história das revoluções socialistas no século XX e das esquerdas no Brasil.

De volta ao Brasil, foi aprovado em concurso para professor de história moderna e contemporânea na Universidade Federal Fluminense (UFF), em 1980, onde aprende e ensina até hoje. Doutorou-se em história pela Universidade de São Paulo (USP), com uma tese autobiográfica sobre a trajetória das organizações comunistas no Brasil. Publicou trabalhos sobre as revoluções socialistas na Rússia, na China e na Alemanha (Brasiliense, 1981-1984), uma crônica de viagem ao socialismo perdido (*De volta à Estação Finlândia,* Relume-Dumará, 1993) e uma história geral do socialismo soviético (*Uma revolução perdida,* Fund. Perseu Abramo, 1997). Sobre a história da esquerda brasileira, publicou *Imagens da Revolução* (Marco Zero, 1985), *1968, a paixão de uma utopia* (Espaço & Tempo, 1988; reed., FGV, 1998) e *A Revolução faltou ao encontro* (Brasiliense, 1990).

Tornou-se professor titular de história contemporânea da UFF, em 1995, com uma tese sobre a crise dos projetos socialistas contemporâneos.

Depois do atual livro, se lhe derem chance, tem dois desafios: escrever sobre os encontros e desencontros entre liberalismo e social-democracia e editar o depoimento da grande amiga e musa dos anos 60: Vera Silvia Magalhães. E continuar suas pesquisas sobre as relações entre intelectuais, política e poder.

Coleção Descobrindo o Brasil

direção: Celso Castro

A modernização da imprensa (1970-2000)
Alzira Alves de Abreu

O Brasil no império português
Janaina Amado e Luiz Figueiredo

Os intelectuais da educação
Helena Bomeny

A era do rádio
Lia Calabre

A invenção do Exército brasileiro
A proclamação da República
Celso Castro

O Estado Novo
Maria Celina D'Araujo

A belle époque amazônica
Ana Maria Daou

O livro e a leitura no Brasil
Alessandra El Far

O pensamento nacionalista autoritário
Boris Fausto

Os índios antes do Brasil
Carlos Fausto

Os brasileiros e a Segunda Guerra Mundial
Francisco César Ferraz

Rebeliões no Brasil Colônia
Luciano Figueiredo

Palmares, ontem e hoje
Pedro P. Funari e Aline V. Carvalho

A arte rupestre no Brasil
Sambaqui: arqueologia do litoral brasileiro
Madu Gaspar

As formas do espaço brasileiro
Pedro Geiger

Cidadania e direitos do trabalho
Angela de Castro Gomes

Negros e política (1888-1937)
Flávio Gomes

Código Civil e cidadania
Keila Grinberg

Como falam os brasileiros
Yonne Leite e Dinah Callou

Uma viagem com Debret
Valéria Lima

O nascimento da imprensa brasileira
Isabel Lustosa

Escravidão e cidadania no Brasil monárquico
Hebe Maria Mattos

Os evangélicos
Clara Mafra

O sindicalismo brasileiro após 1930
Marcelo Badaró Mattos

O período das Regências (1831-1840)
Marco Morel

Da Bossa Nova à Tropicália
Santuza Cambraia Naves

Arqueologia da Amazônia
Eduardo Góes Neves

História do voto no Brasil
Jairo Nicolau

O Brasil dos imigrantes
Lucia Lippi Oliveira

Política externa brasileira
Leticia Pinheiro

Ditadura militar, esquerdas e sociedade
Daniel Aarão Reis

A Independência do Brasil
Iara Lis C. Souza

Partidos políticos no Brasil (1945-2000)
Rogerio Schmitt

O Império em procissão
Lilia Moritz Schwarcz

Modernismo e música brasileira
Elizabeth Travassos Lins

A fotografia no Império
Pedro Karp Vasquez

Brasil de todos os santos
Ronaldo Vainfas e Juliana Souza